O CONTROLO CONTEMPORÂNEO E FUTURO DA INFORMAÇÃO

Título original:
O Controlo Contemporâneo e Futuro da Informação.
Dados, Grandes Volumes de Dados e Tecnologia

AUTOR
José Vegar

O autor escreve segundo a antiga ortografia.

CONJUNTURA ACTUAL EDITORA, uma chancela de Edições Almedina, S.A.
Avenida Emídio Navarro, 81, 3D – 3000-151 Coimbra – Portugal

REVISÃO
Patrícia Almeida

CAPA
Joana Carvalho

FOTO BADANA DE CAPA
© Paulo Alexandrino

PAGINAÇÃO
João Jegundo

IMPRESSÃO E ACABAMENTO
xxxxxxxxx
Março 2023

DEPÓSITO LEGAL
xxxxxxxxx

ISBN 978-989-694-724-8

JOSÉ VEGAR

O CONTROLO CONTEMPORÂNEO E FUTURO DA INFORMAÇÃO

DADOS, GRANDES VOLUMES DE DADOS E TECNOLOGIA

ACTUAL

A investigação que deu origem a este livro foi permitida pela Bolsa de Investigação Jornalística da Fundação Calouste Gulbenkian.

Agradeço à fundação e ao júri da bolsa a oportunidade concedida para aprofundar e fechar um trabalho de mais de uma década.

JV

ÍNDICE

I
UM CONTEXTO PARA A VERTIGEM TECNOLÓGICA

O crescimento do impacto no mundo global que os dados e a informação provocaram nas duas últimas décadas, e irão, seguramente, provocar nas próximas, é uma das dimensões decisivas das sociedades contemporâneas.

O facto de os dados e a informação serem tão valiosos levanta uma hipótese sólida, cada vez mais dominante, de que a tecnologia altere, de modo ainda mais decisivo do que na última década, os processos como são obtidos, detidos, trabalhados, partilhados e publicados os dados, os grandes volumes de dados e a informação. Por outras palavras, que desencadeie uma mudança de paradigma profundamente estratégica no complexo ecossistema dos dados e da informação.

Por processos deve entender-se, antes de tudo o resto, o da propriedade e produção dos dados e da informação, o que por si só é fundamental, dado que detentores e produtores de dados e de informação orientam o seu trabalho para os objectivos que consideram vitais. Mas, por processos deve também ter-se em conta um número alto de operações, que vão do modo como são obtidos dados e informação, passando pela natureza e formatos dos dados e da informação, e indo até ao que os públicos e os agentes sociais, económicos e políticos validam ou irão validar como informação.

No entanto, o processo mais importante desencadeado, e cada vez mais permitido, pela tecnologia é, porventura, o da partilha e da publicação dos bens de elevado valor que são os dados e a informação em plataformas, canais, fluxos e nós alternativos. O que está em causa, no fim de contas, é o controlo da informação, tanto para os Estados, como para as sociedades, as empresas e os cidadãos.

O que poderá acontecer, através de múltiplos movimentos extremamente instáveis e todos os dias reinventados em direcção a novos caminhos, é um acentuar da total renovação da tipologia de entidades que armazenam, trabalham e partilham dados, grandes volumes de dados e informação. O que também poderá acontecer é que estas novas entidades ganhem supremacia no ecossistema da informação, ultrapassando o patamar em que, actualmente, estão, o da competição com as entidades tradicionais.

Certamente, ninguém sabe quando e como irá estabilizar este processo, embora diariamente surjam punhados de «gurus» a antecipar a paisagem que se desenha, e académicos e peritos publiquem os mais variados estudos qualitativos e quantitativos.

A ganharem esta supremacia, permitida pelo recurso e o uso da tecnologia, estas novas entidades poderão operar uma mudança no controlo da informação, que se irá manifestar em vários pontos fulcrais do ecossistema. De facto, as novas entidades poderão abrir uma via quase interminável de novos nós e fluxos de informação, de novas plataformas de partilha e de reconfiguração do trabalho ligado a este ecossistema. Mais ainda, a criação destas novas vias poderá não só revolucionar os modos como dados e informação são produzidos, como também os próprios conceitos tradicionais de dados e de informação.

A conjuntura não é já a de que, para largas faixas da população global, de todos os níveis etários, os dados e a informação tenham de estar configurados para serem consumidos no telemóvel, ou que um vídeo do TikTok tenha o mesmo valor informativo que um estudo de uma entidade científica. A conjuntura é a de que a natureza dos dados e da informação esteja a ser recriada, ou até a gerar a hipótese de novas formas de chegar ao conhecimento, no caso dos grandes volumes de dados, e que as novas plataformas, todas elas digitais, e todas elas criadas pela tecnologia, se tornem adequadas, suficientes e exclusivas para a maioria da população global. Como é visível para todos a cada momento, este é um processo em curso sem estabilização à vista, como escrevi.

O que é provavelmente mais fantástico de observar neste momento é a multiplicidade de plataformas, nós e fluxos em operação e a quantidade de áreas de trabalho e negócio em que interferem.

As plataformas vão das unipessoais, por sua vez, alojadas em plataformas abertas ou fechadas, às multitemáticas, passando pelas microtemáticas, não esquecendo os nós especializados, como são os científicos, os fóruns e as reproduções digitais dos produtores tradicionais, isto referindo apenas as tipologias dominantes. A vertigem dos dados, dados de grande volume e informação que publicam ao minuto atinge praticamente todas as áreas de interesse e acção humana.

A interferência na medicina, nos mercados de capitais e no mundo dos *media* é visível e extensa, mas o mesmo se pode dizer de áreas menos reveladas, como é a da protecção dos Estados, da produção de conhecimento científico, das operações militares e policiais, da biotecnologia ou das indústrias tradicionais. Perante tamanha vastidão, aconselha a modéstia que a investigação seja limitada, o que é o caso da que aqui partilho, que procura observar o que está a acontecer nos *media*, na protecção dos Estados e no meio global científico.

O turbilhão global que neste momento assola as entidades, os sectores e os mercados dedicados aos dados e à informação, que vão muito além dos *media*, não é de modo algum único. Como anotam os mais atentos, a contínua vertigem de evolução tecnológica aplicada, das várias dimensões de inteligência artificial à criação de mundos virtuais, passando pelo aumento do poder de processamento trazido pela computação *quantum*, está a transformar praticamente todos os processos de produção, distribuição e consumo, bem como a agitar áreas como a da educação ou da própria definição humana de realidade. É um mundo contemporâneo desestabilizado por uma revolução imprevisível.

Anne Wells Branscomb, no já longínquo ano de 1994 escreveu um livro com o título *Quem Possui a Informação?*, que ainda hoje é um bom manual de orientação para quem trabalha os temas vasculhados neste texto.

Branscomb apontou que todas as formas de informação estão a fundir-se num sistema de entrega electrónica, acrescentando que «estamos no processo de desenhar um novo paradigma para a nossa sociedade da informação [...]», assente «[...] no reconhecimento de que a informação é um activo valioso, seja para um indivíduo, uma empresa, uma entidade governamental ou para a humanidade em geral».

II
O CAOS CONCEPTUAL

No limitado campo da minha investigação, talvez seja útil começar pelas fundações, ou seja, tentar estabilizar, no plano conceptual, o que são exactamente dados, grandes volumes de dados, a tradução precária de *Big Data* que neste momento temos em português, e informação. De facto, há duas questões extremamente curiosas intricadas nesta tentativa de estabilização conceptual. A primeira é que, para a larga maioria dos produtores, distribuidores e consumidores de dados e de informação, não parecem existir grandes dúvidas sobre o que cabe nos conceitos, embora raramente membros destes grupos sociais e profissionais consigam elaborar e acordar um conceito universal. A segunda é que, no território dos que estudam os conceitos que referimos e o que eles abarcam de modo preciso, da filosofia da informação aos estudos de *Big Data*, passando pelos tecnólogos, a discussão tem um histórico que começa no classicismo grego, é acesa e longe de estar resolvida.

Encetando a exploração pelo conceito de dados, temos um primeiro vislumbre da instabilidade que cerca e limita o campo que procuro trabalhar. Num artigo científico publicado em Janeiro de 2007, «Aproximações Conceptuais para a Definição de Dados, Informação e Conhecimento», Chaim Zins, ao questionar 45 peritos do tema, encontra nada menos do que 130 definições. Zins começa por argumentar que «para muitos académicos, dados, informação e conhecimento são parte de uma ordem sequencial. Dados são o material cru da informação, e a informação é o material cru que conduz ao conhecimento». Até este ponto, generalista, Zins não encontra grandes divergências entre os académicos, mas o mesmo não se pode escrever quando começa a perfurar como o conceito é entendido pelos vários campos do saber e do trabalho.

Uma das recuperações que Zins faz é o debate filosófico clássico que «dados são uma abstração. O conceito de dados sugere que está ali alguma coisa disponível de modo puro e pode ser conhecida como tal». No entanto, como apontam os filósofos e os cientistas sociais, os últimos cem anos de discussão filosófica, e, claro, as muitas centenas de anos antes, mostraram que não existe algo como «dados oferecidos» ou «factos nus», mas sim que qualquer experiência ou conhecimento humanos estão submetidos a um preconceito, que, acrescento, é formado pelo percurso de quem recolhe ou observa os dados.

Num outro quadrante, porventura dedicado à procura de um conceito mais operativo, Zins anota a proposta de Wellisch, feita em 1996, de que *i)* dados são a representação de conceitos ou outras entidades, fixados num *medium* ou noutra forma adequada para comunicação, interpretação ou processamento por seres humanos ou por sistemas automatizados; mas também uma outra, a de que *ii)* dados são todas as coisas e todas as unidades que podem aumentar conhecimento humano ou permitir o enriquecimento do nosso campo científico, teórico ou prático e que podem ser fixadas em algum suporte, ou transmitidas oralmente, entendendo-se por coisas e unidades, por exemplo, «observações estatísticas e outras recolhas de provas».

Ainda no quadrante dos conceitos mais operativos, Zins destaca igualmente o de Burrell, que defende serem dados os itens básicos individuais de informação numérica ou de outra natureza, captados através da observação, mas que, em si próprios, sem contexto, estão vazios de informação, ou seja, anota outro académico no artigo de Zins, são uma série de factos e observações desconectadas, não processadas, que resultam de actos de observação ou de medição.

A proposta de conceito mais detalhada que Zins encontra é a de Moukdad, que defende serem dados «conjuntos de caracteres, símbolos, números e *bits* audiovisuais que estão representados ou são encontrados em formas básicas. Deste modo, é necessário conhecimento para decifrar os dados e transformá-los em informação».

Já no campo da ciência da computação, Zins descobre que dados podem ser definidos como uma classe de objectos de informação, feitos de unidades de código binário, com o objectivo de serem guardados, processados e transmitidos por computadores. Assim, dados são informação no sentido mais restrito, ou seja, como estão fixados em código binário, unidades de dados dificilmente têm um sentido para o ser humano. Mas unidades de dados, como blocos de construção informacional, quando colhidos e processados de modo inteligível, podem gerar informação, isto é, adquirem um sentido.

Uma proposta muito interessante de conceptualização de dados é a de Sabina Leonelli. No seu artigo «Jornadas dos Dados, Abertura e Sombras», Leonelli defende que «devemos pensar em dados como todo o produto de actividades de pesquisa colhido, guardado e disseminado com o objectivo de ser usado como prova para propostas de conhecimento; assim dados é um conceito relacional, porque qualquer objecto pode ser — e tornar-se — dados desde que preencha os requisitos assinalados».

É Leonelli a assinalar a importância dos percursos dos dados. Escreve ela que o papel epistemológico dos dados, até que ponto serão úteis para produzir conhecimento, está fortemente dependente do modo como os dados foram organizados, processados, disseminados e contextualizados e, também, se foram perdidos, abandonados ou se são ilegíveis; isto é, o percurso dos dados determina o que conta e o que não conta como dados. Leonelli dá o exemplo das bases de dados, já que este tipo de pesquisa consiste em investigar os modos como os dados são produzidos, os formatos em que são submetidos, como são tratados, visualizados e pesquisáveis.

Uma outra dimensão a ter em conta para o conceito de dados é o da sua posse e uso. Andrew lliadis e Federica Russo dão conta disto num artigo publicado em Dezembro de 2016 na revista científica *Big Data & Society*, quando escrevem que «dados são uma forma de poder. As organizações possuem vastas quantidades de informação dos seus utilizadores e detêm um capital de dados lucrativo, controlam algoritmos e ferramentas de processamento de dados com a capacidade de influenciar emoções e cultura, e investigadores invocam dados em nome da objectividade científica ignorando frequentemente que os dados nunca são crus, mas sim "cozinhados"».

Assim, para Iliadis e Russo, na sua presença e ausência, os dados são sempre activos e nunca neutrais, fazendo parte de uma geografia da informação que está sempre em fluxo.

Se a conceptualização de dados parece longe de estar estabilizada, o cenário, nos meios académico e especializado, é ainda mais animado quando se procura definir o que devemos entender por grandes volumes de dados.

Estão em acção várias forças para que tal aconteça, a começar pelo facto de ser um objecto relativamente recente, tocando na questão fundamental de que se trata de um fenómeno gerado pelo cruzamento e potenciação de várias tecnologias, e não esquecendo que o produto que gera afecta decisivamente Estados, sociedades e mercados.

Um conceito operacional, ou seja, que procura a universalidade, é o proposto pela National Science Foundation dos Estados Unidos da América, apontando que grandes volumes de dados são «conjuntos de dados largos, diversos, complexos, longitudinais e distribuídos, gerados por instrumentos, sensores, fluxos da Internet, mensagens electrónicas, vídeos, caudais de *clicks* e todas as outras fontes digitais disponíveis actualmente e no futuro, como também dados que criam desafios aos métodos existentes devido ao seu tamanho, complexidade e disponibilidade».

Uma primeira aproximação conceptual mais extensa, baseada nas características fundamentais do tema, que normalmente revela eficácia, é tentada por Andrea De Mauro, Marco Greco e Michele Grimaldi no artigo «Uma Definição Formal de *Big Data* Baseada nas suas Características Essenciais», publicado em 2016. De Mauro, Greco e Grimaldi começam por encetar alguma contextualização, referindo, por um lado, o extenso recurso aos dados nos tempos recentes, e, por outro, assinalando que «a partir do momento em que os dados podem ser convertidos para o formato digital, podem ser organizados em conjuntos de dados mais estruturados, capazes de oferecer um olhar único e a um nível macro para estudar padrões e tendências». Ou seja, apontam para o conceito de «dataficação» do mundo, proposto por Mayer-Schonberger e Cukier, em 2013, que assenta exactamente no ponto de que a tecnologia e o ambiente digitais permitem um uso muito mais vasto e preciso de dados, gerando, por sua vez, um domínio destes no trabalho e nas sociedades.

Ao mesmo tempo, De Mauro, Greco e Grimaldi não se esquecem de assinalar que a «dataficação» não é um objectivo em si, mas a consequência do uso massivo de ferramentas tecnológicas e analíticas destinadas a gerar informação útil. Continuando a explorar as características essenciais, os autores apontam que uma outra é a grande variedade de tipologia dos dados que são explorados. Assim, escrevem, as tradicionais tabelas alfanuméricas são superadas por fontes de dados menos estruturadas, como é o caso dos vídeos, imagens e textos produzidos por humanos», o que faz com que «a multiplicidade de tipologias de dados e a sua coexistência criem um desafio enorme para o seu uso».

O papel da tecnologia não é esquecido pelos autores, referindo estes que lidar com grandes volumes de dados na velocidade de processamento necessária implica requisitos computacionais e de armazenamento que os sistemas tecnológicos comuns não possuem.

Para De Mauro, Greco e Grimaldi, uma outra característica a ter em conta são as metodologias utilizadas para extrair valor dos grandes volumes de dados. Os investigadores apontam que os principais são a análise de nichos, extracção de informação, a criação de algoritmos genéticos, o processamento natural de linguagem, o *machine learning*, redes neurais, modelação preditiva, modelos de regressão, análise de redes sociais e de conteúdo gerado por utilizadores, processamento de sinais e visualização de dados, de texto, som e imagem, através de ferramentas analíticas.

Por outras palavras, como já referi neste texto, a imensidão dos dados em formato digital e o seu tratamento estruturado, que não era possível até há pouco tempo, permitem o desenvolvimento de código mais sofisticado, utilizado, por exemplo, no *machine learning*, mas, também, o avanço da ciência e da medicina, como é o caso da investigação genética, e, igualmente, enormes operações de conhecimento político, social e económico, se pensarmos, por exemplo, na análise de redes sociais.

Para os autores, a derradeira característica essencial é o impacto social dos grandes volumes de dados. Neste ponto, os autores recorrem novamente à proposta de Mayer-Schonberger e de Cukier, assente na premissa de que os grandes volumes de dados permitem novos modos de analisar informação, o que permitirá elevar o nosso conhecimento das sociedades e dos vários fenómenos com elas relacionados.

Expostas as características nucleares, De Mauro, Greco e Grimaldi apontam para um conceito de grandes volumes de dados que os considera como «activos de informação, caracterizados por um volume alto, uma velocidade e uma variedade que requerem tecnologia e métodos de pesquisa específicos para a sua transformação em valor».

Gandomi e Haider, no artigo «Para Além da Moda: Conceitos, métodos e instrumentos analíticos dos grandes volumes de dados», publicado em 2014, desenvolvem um pouco as características essenciais isoladas por De Mauro, Greco e Grimaldi. Gandomi e Haider começam por alertar que o discurso popular sobre os grandes volumes de dados ignora o mais extenso componente deste, que não é estruturado e está disponível em som, imagem e textos. Estima-se que os dados estruturados e prontos para análise são apenas um pequeno subconjunto dos grandes volumes de dados.

Procurando aprofundar o conteúdo das características fundamentais dos grandes volumes de dados — Volume, Variedade, Veracidade e Valor —, os autores começam por indicar que «volume refere a magnitude dos dados. O tamanho dos grandes volumes de dados é o de múltiplos *terabytes* e *petabytes*». Variedade, escrevem Gandomi e Haider, assenta na «heterogeneidade estrutural nos conjuntos de dados. Os avanços tecnológicos permitem que as empresas usem vários tipos de dados estruturados, semiestruturados e não estruturados». Por Veracidade, referem Gandomi e Haider, os peritos entendem o esforço analítico que é necessário para retirar informação de qualidade dos grandes volumes de dados. Ou seja, esta tipologia de dados «tem uma falta de exactidão e de confiança inerentes», embora possuam «informação valiosa», sendo necessário «usar ferramentas e métodos analíticos criados para a pesquisa e gestão de dados incertos». Finalmente, escrevem os autores, o Valor está relacionado com a condição de que, tendo os grandes volumes de dados normalmente uma densidade de baixo valor, ou seja, «os dados recebidos na sua forma original têm um valor baixo relativo ao seu volume», que é altíssimo, podem vir a adquirir um «valor alto se forem analisados» de um modo eficaz. Por outras palavras, Gandomi e Haider defendem que para ser obtido «valor alto», as entidades necessitam de «processos eficientes para transformar volumes altos de dados diversos e de circulação rápida em informação privilegiada».

Uma construção conceptual extremamente crítica (no sentido académico) de grandes volumes de dados é a partilhada por Iliadis e Russo, no artigo já citado. Os dois autores começam por referir que «grandes volumes de dados permanece uma metáfora para uma série de práticas que precisam de um *ethos* crítico que permita a problematização de certezas adquiridas sobre os dados nas ciências naturais e sociais».

Iliadis e Russo apontam como exemplo de metáfora as origens e as interpretações dos grandes volumes de dados poderem tornar-se múltiplas e conflituais, já que metadados são misturados com dados primários, secundários e derivativos, fazendo com que esta confluência de fontes de dados e de significados conduza a uma desordem. Isto acontece, referem com acerto os autores, porque os grandes volumes de dados pertencem a uma rede de temas, instituições, textos e autores que tendem a tratá-los como uma nova forma de positivismo.

Iliadis e Russo defendem que é necessário seguir os modos como os dados são gerados, tratados e de que maneiras interferem e exercem poder em todas as formas de vida. Para eles, o conceito mais acertado de dados produzido até ao momento é o de Kitchin e Lauriault, que referem ser os grandes volumes de dados «colecções de dados, ou seja elementos e aparatos tecnológicos, políticos, sociais e económicos que constituem e enquadram a criação, circulação e entrega de dados».

Recorrendo a esta proposta, Iliadis e Russo escrevem, então, que «colecções de dados são o poderoso complexo de entidades que formam a produção subjacente à ciência dos grandes volumes de dados em múltiplos níveis de abstração e numa pluralidade de domínios».

Rob Kitchin, num outro artigo publicado em 2014, dá mais pormenor ao seu conceito, referindo que «outras características específicas dos grandes volumes de dados, que os diferenciam dos dados simples: os grandes volumes de dados são exaustivos, no sentido em que conseguem capturar domínios totais e não precisam de amostras; têm um elevado nível de resolução e são indexáveis; são poderosos na criação de relações e capazes de fundir diversos conjuntos; são altamente flexíveis e podem ser utilizados em diversas escalas».

Assim, para ele, os grandes volumes de dados podem gerar ciência guiada por dados, que pode ser definida como uma aproximação mista de acordo, com a qual um investigador pode começar por uma exploração inicial dos dados, procurando correlações e padrões, e gerando hipóteses a partir dos dados e não da teoria. No entanto, a teoria conduz todo o processo, no campo de escolha do algoritmo utilizado e na selecção das correlações e padrões mais interessantes.

No campo crítico, no entanto, o texto de referência é o de Danah Boyd e Kate Crawford, publicado em Maio de 2012. No artigo, com o título «Questões Críticas para os Grandes Volumes de Dados», as autoras apontam que grandes volumes de dados é, em muitos sentidos, um mau termo, porque é uma prática que é menos sobre dados e menos sobre grandes volumes do que sobre a capacidade de pesquisar, agregar e cruzar largos conjuntos de dados.

Situando-se neste ponto, Boyd e Crawford partem, de seguida, para a conceptualização que se tornou uma referência nesta discussão. Escrevem elas que «definimos os grandes volumes de dados como um fenómeno cultural, tecnológico e académico que assenta numa interacção, entre estes três campos». Para as autoras, os grandes volumes de dados assentam: *i)* na tecnologia, porque o objectivo é o de maximizar o poder computacional e a precisão do algoritmo para juntar, analisar, ligar e comparar largos conjuntos de dados; *ii)* na análise, porque exigem vasculhar os referidos largos conjuntos de dados para identificar padrões com o objectivo de fazer reivindicações económicas, sociais, técnicas e legais; *iii)* na «mitologia», porque geram uma crença generalizada de que largos conjuntos de dados permitem uma forma superior de inteligência e de conhecimento, capaz de criar informação privilegiada, que era anteriormente impossível de obter, com uma aura de verdade, objectividade e precisão.

Boyd e Crawford defendem que a principal dimensão a ter em conta com a chegada dos grandes volumes de dados é a viragem computacional nos campos do pensamento e da investigação, porque aqueles emergem como um sistema de conhecimento que está já a mudar os objectos de conhecimento. Ou seja, apontam, «os grandes volumes de dados reestruturam questões fundamentais sobre a constituição de conhecimento, os processos de investigação, os modos como interagimos com a informação e a natureza e categorização da realidade».

Numa meta-análise publicada recentemente, em Maio de 2020, na *Stanford Encyclopedia of Philosophy*, Sabina Leonelli procura uma estabilização do conceito, como também dar visibilidade ao que implica o uso dos grandes volumes de dados.

Leonelli começa por apontar o que está verdadeiramente em causa, escrevendo que os grandes volumes de dados prometem revolucionar a produção de conhecimento na e para lá da ciência, ao permitirem novos e altamente eficientes modos de planear, conduzir, disseminar e avaliar a investigação, já que «[...] a criação de novos modos para produzir, armazenar e analisar dados, culminando no surgimento do campo da ciência dos dados, junta técnicas computacionais, algorítmicas, estatísticas e matemáticas para retirar conhecimento dos grandes volumes de dados».

Colocando-se também no campo dos que consideram que vivemos «uma progressiva dataficação da vida social», no sentido de que as actividades humanas e interacções com o ambiente estão a ser monitorizadas e registadas com maior eficiência, gerando enormes pegadas digitais, Leonelli considera que os grandes volumes de dados que resultam daqui são um tesouro para a investigação, tendo ainda em conta que ferramentas computacionais sofisticadas estão a ser desenvolvidas para extrair conhecimento deste tipo de dados.

Para Leonelli, um conceito estável de grandes volumes de dados deve ser o de «vastos conjuntos de dados produzidos em formato digital e analisados através de ferramentas computacionais». No entanto, considera Leonelli, o conceito estará incompleto se não referir que o conjunto de dados digitais criado pela pesquisa está a crescer a uma velocidade estonteante e em modos impossíveis de lidar pelo sistema cognitivo humano, o que obriga a alguma forma de análise automatizada. Do mesmo modo, acrescenta a autora, o conceito deve referir que, se tivermos apenas em conta a função dos grandes volumes de dados, estes são «um heterogéneo ajuntamento de dados colhidos de uma variedade de diferentes fontes, tipicamente em formato digital, adequados a tratamento por algoritmos com o objectivo de gerar novo conhecimento».

Assim, defende Leonelli, «o poder epistemológico dos grandes volumes de dados está na sua capacidade de juntar diferentes comunidades de pesquisa, metodologias e enquadramentos teóricos, que são difíceis de unir devido a fragmentações conceptuais, barreiras sociais e dificuldades técnicas».

No entanto, alerta a autora, entrando já no campo do impacto dos grandes volumes de dados, o manuseio destes coloca dois grandes problemas. O primeiro, de natureza técnica, é o de que os dados precisam de ser seleccionados, limpos e preparados, para serem submetidos a análise computacional e estatística. O processo necessário para separar dados de ruído, de agrupar dados em nichos e de integrar dados em diferentes formatos é altamente sofisticado e teoricamente estruturado. O segundo, de natureza ética, é o de que a produção de dados e a sua disseminação por canais como as redes sociais, as bases de dados governamentais e os repositórios de pesquisa operam numa rede descentralizada, globalizada e interligada, cujo funcionamento exige uma variedade extensa de capacidades e de perícias.

Esta condição leva a que, acrescenta Leonelli, «a natureza descentralizada do processo de decisão envolvido no desenvolvimento de estruturas e métodos de análise de grandes volumes de dados torna impossível que um só indivíduo ou entidade consiga avaliar a qualidade, o valor científico e o potencial impacto social do conhecimento que está a ser produzido».

De modo similar ao que observamos com os dados e os grandes volumes de dados, não está, de todo, estabilizado um conceito de informação. Pelo contrário, talvez seja este o conceito que envolve uma escala mais elevada de discussão, ou de dificuldade no encontro de um consenso, mesmo que minimal.

Existem várias razões para que o estado da arte em torno da informação seja o que enunciei, a começar pela utilização indevida durante décadas fora dos campos da matemática e da engenharia da teoria de Claude Shannon, não esquecendo que o termo tem uma utilização intensa em praticamente todos os campos da vida humana, e passando pelo facto de a filosofia da informação ter sido até há pouco tempo uma disciplina académica de nicho, só tendo ganhado vigor recentemente com a chegada das teorias relacionadas com a informação semântica.

O caso de Shannon é particularmente interessante pela extensão inapropriada da sua proposta teórica aos domínios das ciências sociais e aos sectores ligados à informação. Shannon trabalhou intensamente na teoria da informação, mas sempre dentro das fronteiras da matemática teórica. Foi durante este percurso que publicou, em 1949, juntamente com Warren Weaver, aquele que ainda é hoje considerado um artigo seminal, «Uma Teoria Matemática da Comunicação». Seguindo, em parte, as investigações de Norbert Weiner, Shannon procurava uma solução para os limites físicos da comunicação, porém, a sua proposta de informação, embora incompreensível para uma maioria fora da matemática, tornou-se dominante durante décadas. Hoje, o trabalho de Shannon, bem como outros semelhantes, estão bem acantonados no que se chama de «teorias quantitativas de informação», considerando-se o do teórico americano como precursor da teoria matemática da comunicação.

O teórico contemporâneo da filosofia da informação, Luciano Fioridi, a quem voltaremos mais tarde, refere num artigo publicado na *Stanford Encyclopedia of Philosophy* que a «teoria matemática da comunicação tem a sua origem no campo da engenharia eléctrica, e procura estudar os limites da comunicação». Segundo Fioridi, a teoria «desenvolve uma aproximação quantitativa à informação, como um modo de responder a dois problemas fundamentais: o nível máximo de compressão dos dados [...] e a taxa máxima de transmissão de dados [...]». Assim, prossegue o teórico, a teoria matemática da comunicação é, antes de tudo o mais, o estudo das propriedades de um canal de comunicação e dos processos que podem codificar eficientemente dados em sinais gravados e transmissíveis. Deste modo, a teoria de Shannon desbravou caminho e continua válida na matemática e na engenharia, especialmente na computação, contudo, não nos ajuda na construção de um conceito de informação, porque, como aponta Fioridi, «é uma teoria onde não é apontado um significado para informação [...]». Aliás, relembra Fioridi, Weaver foi muito claro neste ponto, logo em 1949, escrevendo que o seu trabalho com Shannon «lida com os transportadores da informação, símbolos e sinais, não com a informação em si. Ou seja, informação é a medida da sua liberdade de escolha quando escolhe uma mensagem».

Além do conflito com a teoria matemática da comunicação, o caminho para um conceito estável de informação enfrenta ainda o problema de ser inundado continuamente por inúmeras construções teóricas, algumas limitadas ou deficientes, muitas isoladas, vindas dos mais variados quadrantes académicos e técnicos. «Um caos conceptual», refere Rafael Capurro, no seu artigo «Um conceito de informação». Tal acontece, evidentemente, porque o conceito de informação tem uma capacidade quase ilimitada para albergar conteúdos, dados e mensagens e desempenhar funções de natureza diversa.

A isto mesmo se refere Pieter Adriaans, em «Informação», um artigo de referência publicado em Outubro de 2020 na *Stanford Encyclopedia of Philosophy*, anotando que o conceito de informação conquistou um lugar central nas ciências e na sociedade, e no discurso coloquial é usado de modo predominante como um substantivo abstracto e generalista para referir qualquer quantidade de dados, código ou texto que é armazenado, enviado, recebido ou manipulado em quaisquer *media*. Adriaans anota ainda que o significado exacto do termo informação é variado em «tradições filosóficas diferentes e o seu uso coloquial é variado geograficamente e em vários contextos pragmáticos [...]», exactamente porque «tudo o que sabemos sobre o mundo é baseado em informação que recebemos e recolhemos e em princípio todas as ciências lidam com informação», fazendo com que exista «uma rede de conceitos de informação relacionados, com raízes em várias disciplinas como física, matemática, lógica, biologia, economia e epistemologia».

Fioridi segue o trilho percorrido por Adriaans, no artigo já referido aqui, escrevendo que «informação é reconhecidamente um fenómeno polimórfico e um conceito polissémico [...] podendo ser associado a várias explicações, dependentes do nível de abstração adoptado e do nicho de requisitos que orientam uma teoria». Para fortalecer o seu ponto, Fioridi cita um trecho de Shannon, em que este escreve: «é dificilmente expectável que um único conceito de informação possa de modo satisfatório incluir as numerosas possíveis aplicações deste campo generalista». Fioridi recorda ainda que Shannon e Weaver defendiam uma análise tripartida da informação, em que o primeiro eixo lidava com a quantificação da informação, ou seja, o objectivo da sua teoria, o segundo, com os problemas semânticos relacionados com o significado e a verdade, e o terceiro, com o impacto do fenómeno no comportamento humano.

Em reforço da sua análise, Fioridi, no capítulo «Informação» do *Blackwell Guide to the Philosophy of Computing and Information*, situa historicamente as propostas de construção do conceito entre reducionistas e não-reducionistas. Os primeiros, aponta o teórico, apoiam a viabilidade de uma teoria unificada da informação, suficientemente generalista para integrar todos os conceitos fundamentais de informação, mas também suficientemente específica para distinguir entre *nuances* semânticas. Os segundos, acrescenta, orientam o seu trabalho para uma rede distribuída de conceitos conectados, ligados por influências dinâmicas e mútuas.

No entanto, Adriaans, no artigo já citado, sinaliza que todas as propostas teóricas de informação, criadas nos mais diversos domínios, atribuem sempre duas propriedades fundamentais ao conceito. A primeira é a da informação ser extensiva, ou seja, dois conjuntos independentes de informação contêm sempre mais informação do que apenas um. A segunda é a da informação reduzir a incerteza, no sentido de que quanto mais informação possuirmos sobre um tema, teoricamente, maior é a probabilidade de o conhecermos na sua totalidade.

De entre as várias propostas teóricas contemporâneas, devem ser salientadas as de Dretske e de Luhmann, mas especialmente as criadas na disciplina da filosofia da informação semântica, que hoje dominam o campo. Dretske, em 1981, parte de uma premissa teórica muito simples, a de que «informação é alguma coisa necessária para ter conhecimento» e é sempre relativa «ao conhecimento anterior de quem a recebe». Assim, para Dretske, «conhecimento é uma crença produzida por informação», ou, escrito de outro modo, a informação só existe quando é processada por sistemas cognitivos genuínos distintos de meros processadores de informação, capazes de interpretação da informação durante o processo de aprendizagem. Luhmann, por seu lado, considera que informação é «um evento que produz a conexão entre diferenças», permitindo a chegada a uma descodificação, a um significado.

Fioridi, no artigo «Concepções Semânticas da Informação», publicado em 2005 na *Stanford Encyclopedia of Philosophy*, revisita as mais influentes construções teóricas de informação e disseca alguns componentes fundamentais do conceito, para chegar ao que chama uma definição geral de informação, actualmente, a mais universal, nos campos académico e especializado, incluindo os da computação. No entanto, no artigo, o próprio Fioridi admite que o trabalho filosófico sobre o conceito de informação semântica está ainda naquele ponto lamentável em que o desacordo afecta até o modo como os problemas são enquadrados. No percurso que escolhe para chegar a uma definição geral de informação, Fioridi começa por recolher os contributos teóricos já erguidos, quase todos eles datados das últimas três décadas.

Fioridi dá especial atenção à proposta de Bar-Hillel, que considera existir informação quando uma mensagem tem conteúdo semântico, que pode ser factual ou instrucional, bem como à de Quine, que defende a necessidade de um «verdadeiro conteúdo semântico» para que exista informação, mesmo que os factos sejam verdadeiros ou falsos, e ainda à de MacKay, que considera existir informação «quando ocorre um aumento de conhecimento do lado do receptor».

De seguida, o teórico dá especial atenção a um problema nunca resolvido, o de se para existir informação é necessário que esta seja verdadeira.

Fioridi dá conta da posição de alguns académicos, como Devlin, que defendem que desde que a informação tenha significado e seja estruturada, conta como tal, mas também dos que se opõem, como ele próprio, argumentando que «falsa informação» não pode ser considerada como informação. É a partir daqui que Fioridi chega à proposta de uma definição geral de informação. Na base da proposta está, segundo Fioridi, que «informação não pode existir sem dados, nem que seja, pelo menos, um simples dado», ou seja, aquilo a que os teóricos deste campo chamam de *datum* ou «facto que estabeleça uma diferença em determinado contexto».

De seguida, prossegue o teórico, é necessário fixar o que se entende por dados. Embora reconhecendo que não está estabilizada, Fioridi adopta a proposta de que existem dados primários, isto é, ainda não trabalhados, dados secundários, que sofreram já algum tipo de análise, metadados, que são informação indicadora de outro tipo de informação, dados operacionais, que servem para activar, usar e monitorizar sistemas, e dados derivados, exactamente aqueles a que se chega a partir dos primários e secundários e que permitem encontrar pistas, padrões ou evidências. Qualquer que seja a sua tipologia, para Fioridi, dados são, ao mesmo tempo, os recursos e as limitações que tornam possível a construção de informação. Deste modo, aponta Fioridi, uma definição geral de informação assenta em que «só existe informação» quando «existem um ou mais dados, estes estão estruturados, e os dados estruturados têm um significado», ou um sentido.

Neste ponto, Fioridi chama a atenção para a existência de uma proposta para uma definição especial de informação que acrescenta ao conceito acima enunciado uma quarta propriedade, a de que, para ser informação, os dados têm de ser verdadeiros. Assim, acrescenta o teórico, referindo um ponto muito importante, «com informação disponível, o conhecimento pode ser construído em termos de informação semântica justificável ou explicável». Ou seja, recuperando a proposta feita por Bateson, em 1973, «o que entendemos por informação — a unidade elementar de informação — é uma diferença que gera uma diferença».

III
O MAIS VALIOSO CAPITAL

Como tantas vezes acontece, talvez seja necessário o recrutamento da genialidade de um escritor para nos iluminar um pouco, neste caso, o crescimento do impacto no mundo global que os dados e a informação provocaram nas duas últimas décadas e irão seguramente provocar nas próximas.

Em «Deciderization 2007 — A Special Report», um pequeno ensaio publicado como introdução a uma antologia, David Foster Wallace avançou com o conceito de «ruído total» para tentar situar uma sociedade global submetida a «uma cultura e volume de informação e rotação e retórica e contexto que sei que não estou sozinho em encontrar demasiado para sequer absorver, muito menos para tentar fazer sentido ou organizar em qualquer tipo de triagem de saliência ou valor». Foster Wallace acrescentou que a condição a que estamos submetidos impede a «tal absorção básica, organização, e triagem» que «costumava ser o que se exigia de um adulto educado, também conhecido como um cidadão informado. Pelo menos foi isso que me ensinaram. Para aqui, basta dizer que os requisitos parecem agora diferentes». Em dois parágrafos, e especialmente com a hipótese «os requisitos parecem agora diferentes», Foster Wallace tem a graciosidade necessária para reduzir ao fundamental as duas questões de topo que perseguem os que procuram investigar quem está a controlar a informação e quem a irá controlar nos próximos tempos. A primeira questão é saber se os dados, incluindo sempre os grandes volumes de dados, e a informação têm hoje uma importância superior há que tinham há duas décadas na vida da sociedade e da empresa globais. A segunda questão é tentar medir quantitativamente essa importância.

Para dar alguma resposta limitada às duas questões partilhadas, é necessário procurar conhecimento, ou, pelo menos, o conhecimento mais estável, nas ciências sociais e nas entidades dedicadas ao estudo do fenómeno. Tal acontece porque, na verdade, estão registados e disseminados os mais diversos modos de observar o tema, que tanto passam pela atribuição da era e da sociedade da informação à contemporaneidade, como pelo domínio desta pela infoesfera, e, mais recentemente, a elevação dos dados e da informação a capital, ou seja, a um activo com função e valor.

A proposta de vivermos na «era da informação» partiu da sociologia, tendo sido e continuando a ser defendida por vários académicos, com Manuel Castells a ser um dos precursores, através da sua trilogia *A Era da Informação: Economia, Sociedade e Cultura*, publicada em 1996 e 1997. No segundo volume do seu trabalho, Castells assinala que «a história está apenas a começar, se por história compreendermos o momento em que, após milénios de uma batalha pré-histórica com a Natureza, primeiro para sobreviver, depois para a conquistar, a nossa espécie atingiu o nível de conhecimento e organização social que nos permitirá viver num mundo predominantemente social. É o início de uma nova existência, e mesmo o início de uma nova era, A Era da Informação, marcada pela autonomia da cultura em relação à base material da nossa existência».

Castells, na obra referida, aponta cultura num sentido lato, isto é, uma era em que a informação e o conhecimento, a base primária de cultura, se transformam num bem essencial, necessário não só às relações sociais, mas também às de produção. Anos mais tarde, em 2009, na antologia *The Information Society Reader*, Castells partilharia a evolução da sua pesquisa. Assim, escreveu sobre a importância da «economia informativa», que considera uma economia em que as fontes de produtividade e capacidade competitiva para empresas, regiões e países dependem, mais do que nunca, de conhecimento, informação e da tecnologia que as processa. Mas, principalmente, aprofundou o conceito de «sociedade em rede», que dominaria o seu trabalho, ou seja, de uma «sociedade que está estruturada de um modo em que os processos e as funções dominantes são realizados em redes», baseadas na posse e partilha de informação.

No entanto, os conceitos de «era da informação» e de «sociedade da informação» sofreram continuamente um ataque à sua validade, dentro e fora da sociologia. Um dos críticos mais visíveis, o sociólogo

Frank Webster, começa por escrever, na antologia *The Information Age: An Anthology on Its Impact and Consequences*, que existe efectivamente «uma extraordinária expansão do conteúdo informativo na vida moderna. A cultura contemporânea é manifestamente guiada de modo muito intenso pela informação do que as suas predecessoras». Contudo, defende Webster, tal não é suficiente para distinguir e conceptualizar uma era, especialmente, porque «estas variadas definições de sociedade da informação» propostas são «ou subdesenvolvidas ou imprecisas, ou as duas coisas. Seja uma conceptualização tecnológica, económica, ocupacional, espacial ou cultural, somos deixados com noções extremamente problemáticas do que constitui, e como se distingue, uma sociedade da informação».

Ao seu argumento, Webster junta o apontamento de outro sociólogo, Anthony Giddens, que aponta que todas as sociedades quando se formam em Nações-Estado são sociedades de informação, já que a recolha, armazenamento e controlo da informação é fundamental para a sua existência. Deste modo, o ponto central para Webster é o de que os teóricos defensores de uma era e de uma sociedade da informação «falham frequentemente em identificar claramente de que modos e porquê a informação se tornou hoje mais fundamental, de modo tão crítico que está a gerar um novo tipo de sociedade».

A hipótese de vivermos globalmente numa infoesfera aparenta fundações mais sólidas no plano conceptual. A hipótese tem sido testada e teorizada, principalmente, no campo da filosofia da informação, com Luciano Fioridi a ter também aqui um papel relevante, mas igualmente por outros campos da ciência.

Betsy Van der Veer Martens, no seu artigo «Uma Introdução Ilustrada para a Infoesfera», publicado em 2015, dá conta da construção de Fioridi. A académica começa por escrever que, para Fioridi «estamos agora a entrar numa terceira era de desenvolvimento humano», em que deixámos de estar apenas relacionados com a informação para estar dependentes da tecnologia da informação e das comunicações, o que significa entrar na «infoesfera». Martens não se esquece de referir os primeiros autores do conceito de infoesfera, como Boulding, ainda que, simultaneamente, aponte a investigação de Fioridi como necessariamente distinta e mais elaborada, por ter contemporaneidade como ponto de observação.

A primeira premissa em que Fioridi assenta a existência de uma infoesfera é a de que a descrição informatizada e o controlo do ambiente físico, juntamente com a construção digital de um mundo sintético, estão, finalmente, interligados com uma quarta área de aplicação, representada pela transformação do macrocosmo enciclopédico de dados, informação, ideias, conhecimentos, crenças, experiências codificadas, memórias, imagens, interpretações artísticas e outras criações mentais numa infoesfera global. Deste modo, assinala Martens, o essencial do conceito de Fioridi é o de que «a infosfera é todo o sistema de serviços e documentos, codificados em qualquer meio semiótico e físico, cujo conteúdo inclui qualquer tipo de dados, informação e conhecimento, sem limitações, quer em tamanho, tipologia, quer em estrutura lógica». Fioridi contempla desde textos alfanuméricos (textos, incluindo letras, números e símbolos diacríticos) e produtos multimédia a dados estatísticos, desde filmes e hipertextos a bancos de texto completos e colecções de imagens, desde fórmulas matemáticas a sons e videoclipes.

Martens dá ainda conta do desenvolvimento mais recente, a partir de 2009, do trabalho de Fioridi na construção do conceito, sinalizando que este «afirmou que a infoesfera está a ser desenvolvida e desfragmentada à medida que continua mais ou menos simultaneamente e espontaneamente a apagar barreiras entre a produção e o consumo de informação, entre bases de dados de informação, entre quem tem e não tem disponibilidade e acessibilidade efectiva à informação, entre o acesso físico e global à informação e, em última análise, entre aqui (*offline*, analógico, baseado no carbono) e ali (*online*, digital, baseado no silício)».

O que Fioridi defende é que a infoesfera passou a servir como o nosso acesso aos fundamentos da realidade da informação que é o universo, já que a «informação» não só «se transformou em fundacional, mas fundamental», dado que o nosso uso dessas fundações é necessariamente mediado pela nossa capacidade aumentada de as explorar e observar, através do domínio, por entidades individuais e colectivas das mais diversas naturezas, da tecnologia disponível.

Será diminuta a dúvida de que o conceito de infoesfera é um dos que apresenta maior solidez para dar resposta à nossa primeira questão, a de como devemos olhar para o impacto dos dados e da informação no mundo, já que mostra de modo claro que estes últimos estão agora mais do que nunca sempre presentes em tudo o que executamos ou consumimos, embora em medidas distintas ditadas pelos objectivos e capacidade de acesso dos produtores e utilizadores.

É esta omnipresença dos dados e da informação, bem como a nossa dependência daqueles e daquela, tanto pessoal como profissionalmente, que tem levado, muito recentemente, entidades académicas, especializadas e empresariais a propor um conceito e uma quantificação originais, e, de certo modo, de mais difícil teorização e medição. O conceito, que tem sido acompanhado por várias tentativas de quantificação, é o de os dados e a informação terem atingido o estatuto de capital. A origem da proposta, pelo menos no quadrante dos públicos não especializados, é um artigo publicado em 2008 por Chris Anderson, na altura, editor da revista *Wired*, com o título «A Era do *Petabyte*». Neste, Anderson escreve, para alguns, profetiza, que «a nova disponibilidade de vastas quantidades de dados, em conjunto com as ferramentas estatísticas que permitem analisar estes dados, oferecem todo um novo modo de entender o mundo», já que «podemos lançar estes números para os maiores nichos computadorizados que o mundo alguma vez viu e deixar os algoritmos estatísticos encontrar padrões onde os cientistas não conseguem».

Uma das entidades que tem procurado seguir e fundamentar esta hipótese é *The Economist*, com três relatórios especiais, como lhes chama o periódico, publicados em 2010, 2016 e 2020, além de outros trabalhos de investigação mais específica. Na recolha de informação feita em 2010, *The Economist* refere que as principais razões para a elevação dos dados e da informação a capital são a tecnologia, que permite um maior armazenamento e extracção, o facto de muitas mais pessoas cederem e interagirem com informação e o desenvolvimento vertiginoso da capacidade de análise. No relatório de 2016, *The Economist* aponta que os dados são agora uma tipologia de capital, a par com o capital financeiro e humano na criação de novos produtos e serviços digitais. As empresas precisam de prestar uma atenção especial ao capital dados, porque é a fonte de muito valor acrescentado na economia global. A publicação e centro de investigação inglês cita Erik Brynjolfsson, uma das autoridades do tema, para reforçar o seu argumento, visto que este defende que «mais e mais valores na economia são formados por *bits* no lugar de átomos».

Para os peritos ingleses, o capital dos dados é a informação gravada necessária para produzir um bem ou um serviço que, acrescentam, pode ter valor a longo prazo, tal como os valores físicos, por exemplo, edifícios e equipamento.

Um ano depois, em 2017, num artigo de investigação, a publicação inglesa reforça a sua observação sobre o impacto do novo capital, escrevendo que «os dados são para este século o que o petróleo foi para o anterior: um condutor de crescimento e mudança. Fluxos de dados criaram novas infra-estruturas, novos negócios, novos monopólios, novas políticas e novas economias».

Em síntese, escrevem os investigadores, «os centros de dados produzem alimento crucial para a economia mundial», uma vez que o seu produto alimenta todos os tipos de serviços na rede digital e, progressivamente, o mundo real.

Detalhando um pouco mais as tipologias de dados que são já capital, *The Economist*, no citado relatório de 2016, inclui todos os dados digitais: movimentos de camiões capturados por GPS, «gostos» e partilhas gravadas nos *media* sociais, compras, retornos e aquisições feitas nos sistemas de empresas transnacionais, fazendo ainda notar que «a captura de mais dados vindos de mais actividades traz dados num motim de formas para o inventário do capital de dados».

Os investigadores ingleses apontam ainda duas outras propriedades que contribuem para os dados poderem ser conceptualizados como capital. A primeira é a sua liquidez, ou seja, permitem a recolha da informação que é procurada no formato desejado, que pode ter como objectivo a análise humana, mas também a alimentação de um algoritmo, e a segunda é a sua capacidade normativa, isto é, permitem a recolha e a conservação no formato e forma original. Como anota a publicação em 2017, a nova economia dos dados é mais sobre a análise em tempo real de fluxos de dados não estruturados, como fotos das redes sociais ou os dados dos sensores de um avião.

O que é mais curioso no relatório especial de 2020 do *The Economist* é como este tenta acompanhar a evolução vertiginosa da produção e manipulação dos dados e da informação no mundo contemporâneo, o que obriga a publicação a refinar e a aprofundar as suas observações e propostas conceptuais. O *The Economist* dá ao seu relatório o título de

«Mundos de Espelhos», aproveitando uma análise de um perito no tema, David Gelernter, da universidade americana de Yale, para quem «estão a surgir novas dimensões da vida humana baseadas e criadas por dados, que são mundos de espelhos», reforçando, ou, porventura, trazendo os dados como um capital de liderança do mercado. No trabalho de 2020, os investigadores acham já desnecessário mostrar fundamento para esta hipótese, concentrando-se em mostrar de que modos os dados são capital fundamental.

Ao nível mais básico, defendem que este capital é aplicado em três linhas de negócio: a sua refinação, com o objectivo de tornar os dados legíveis e úteis; como alimentação de código computacional e de inteligência artificial; e como produto que é vendido com os mais diversos objectivos.

Mas o que verdadeiramente capta a atenção dos investigadores é como está a ser organizado o negócio gerado por este capital. Os autores do relatório escrevem sobre uma infra-estrutura de economia de dados polarizada em centros de dados centralizados, como é o caso do modelo AWS da Amazon, e nós de «computação de ponta», descentralizados, em que os dados são processados em tempo real o mais próximo possível de onde são recolhidos. No entanto, o ponto fundamental, para os investigadores citados, é o de como este capital pode ser aplicado do modo mais eficaz possível.

Anotam aqueles que «o grande desafio de lidar com os dados é o de encontrar uma versão única da verdade [...]», «identificar a verdade digital, ou seja, encontrar e tratar dados que representem de modo exacto a realidade». Esta demanda, referem, «está a tornar-se mais difícil e mais importante [...] porque os dados e as suas fontes multiplicam-se cada vez mais [...] e porque os dados têm de ser organizados de modo que possam beneficiar da inteligência artificial».

Este desafio gigantesco, que transforma os dados e a informação num capital precioso para os operadores e para o mercado, leva os investigadores a especular que um outro tema fundamental é o da posse e controlo. A hipótese que avançam é a do surgimento de «dadoesferas», estatais, públicas e privadas, onde os dados e a informação são um capital de valor elevado que determina automaticamente propriedade e exige fronteira a impedir acesso não autorizado.

Como será inevitável, a observação dos dados e da informação como capital, a criação atomizada de «dadoesferas» e, principalmente, as consequências para a sociedade global contemporânea fazem com que o tema receba atenção minuciosa dos académicos.

Num artigo publicado na revista científica *Big Data & Society*, em Junho de 2019, Jathan Sadowsky beneficia de toda a investigação acumulada nos últimos anos para a sua tentativa de teorização. Sadowsky começa por ir directo ao essencial, escrevendo que «os dados, e a acumulação de dados, são um componente nuclear da economia política do século XXI», o que implica, escreve, «que os dados são uma forma fundacional de capital para tudo, da casa inteligente à cidade inteligente, da finança à governação, da produção à distribuição [...]. Sem dados, muitas destas tecnologias e organizações não conseguiriam produzir, quanto mais gerar valor».

Assim, para o investigador, o capital dos dados é mais do que conhecimento sobre o mundo, são discretos *bits* de informação que são digitalmente fixados, processados por máquinas, de fácil aglomeração e altamente móveis, fazendo com que «o imperativo seja o de constantemente colher e circular dados através da produção de produtos que criem mais dados e permitam a construção de infra-estrutura para gerir os dados [...]».

Sendo, então, para Sadowsky, os dados e a informação garantida por eles um capital tão precioso, talvez seja tempo, e haja espaço conceptual, para uma teorização mais vasta. Sadowsky fala do conceito de «dadoficação», entendido por ele como «um regime político e económico guiado pela lógica da acumulação e circulação perpétua do capital de dados». «Dadoficação» implica ainda, para o académico, sustentado em propostas anteriores — como é o caso da de Fourcade e Healy, partilhada em 2017 —, que as organizações modernas são determinadas pelo imperativo dos dados, que exige a extracção de todos os dados, de todas as fontes, por todos os meios possíveis, fazendo com que «a criação de dados conduza a uma dadoficação total e à vigilância de pessoas, lugares, processos, coisas, e relações entre elas».

O que está em causa para Sadowsky é, obviamente, a antiquíssima relação conhecimento-poder, que aqui ganha uma dimensão original criada pelo domínio dos dados. Sadowsky escreve que «conhecer o mundo é exercer poder sobre ele e exercer poder é conhecê-lo, examinando as suas formações e características, organizá-lo em categorias e normas, transformá-lo em informação legível e observável [...]», o que faz com que pesquisa de dados seja uma expressão enganadora, sendo mais correcto usar construção de dados, visto que os dados não estão algures para serem descobertos, são, antes, uma abstração gravada do mundo, criada e valorizada por pessoas que usam tecnologia.

José van Dijck vai um pouco mais longe do que Sadowsky nas possíveis consequências do uso do capital de dados por entidades públicas e privadas, individuais e colectivas. No artigo «Dadoficação, Dadoismo e Dadovigilância: Os grandes volumes de dados entre o paradigma científico e a ideologia», van Dijck começa por recordar o conceito «arquitectura da opressão», criado por Edward Snowden, e assente na vigilância dos metadados de milhões de pessoas, retirados de chamadas telefónicas e de interacções com as plataformas sociais. Assim, para van Dijck, a «dadoficação, a transformação da acção social em dados digitais quantificados, como um meio legítimo para aceder, entender e monitorizar o comportamento das pessoas, transformou-se num princípio condutor, não só entre tecnólogos, mas também entre académicos, que vêem a dadoficação como uma oportunidade revolucionária de pesquisa do comportamento humano». Do mesmo modo, acrescenta o investigador, o uso deste capital permite a «dadovigilância, uma forma de vigilância permanente através do emprego dos dados e dos metadados», ou seja, «a monitorização dos cidadãos baseada nos seus dados digitais, que é diferente da vigilância tradicional pelo menos numa dimensão importante: enquanto a vigilância presume monitorização para um fim específico, a dadovigilância permite o seguimento contínuo dos metadados para fins não estabelecidos previamente [...] penetrando todas as fibras do tecido social».

Para van Dijck, a dadoficação e a dadovigilância conduzem ao dadoismo. Dadoismo, para ele, é a adopção daquelas como «uma técnica de conhecimento da acção social — medição, análise e predição do comportamento humano com base em largos conjuntos de metadados — mas também uma crença na intenção de governos e empresas de tecnologia de proteger a exploração dos dados dos utilizadores». Portanto, anota o investigador, dadoismo presume confiança na objectividade dos métodos quantitativos como também na independência e integridade das instituições que usam estes métodos, sejam estas plataformas empresariais, organismos governamentais ou investigadores académicos.

O problema, sublinha van Dijck, é que o capital de dados gerou um ecossistema que é uma infra-estrutura típica da tipologia em que nenhuma instituição individual está no comando, isto é, capaz de regular e dirigir o citado ecossistema.

O historiador Yuval Noah Harari, que dedica particular atenção a este tema, publicou um longo ensaio no *Financial Times*, em Agosto de 2016, no qual alerta para a vasta extensão do conteúdo do conceito dadoismo. Escreveu ele que «[...] os gurus da alta tecnologia e os profetas de Sillicon Valley estão a criar uma nova narrativa universal que legitima a autoridade dos algoritmos e dos grandes volumes de dados. Esta nova crença pode chamar-se dadoismo». «Na sua forma extrema», desenvolve Harari, «os proponentes da visão dadoística entendem o universo inteiro como um fluxo de dados, vêem os organismos como pouco mais do que algoritmos bioquímicos e acreditam que a vocação cósmica da humanidade é a de criar um sistema de processamento de dados capaz de tudo abranger, e depois fundir-se neste». O perigo, para Harari, está na condição contemporânea de que «os dadoistas acreditam ainda que, tendo dados biométricos e poder computacional suficientes, este sistema abrangente pode entender os humanos muito melhor do que nos conhecemos a nós próprios. Uma vez que isto aconteça, os humanos perderão a sua autoridade, e práticas humanistas como eleições democráticas passarão a ser obsoletas [...]».

A investigação e teorização partilhada até aqui aponta com autoridade uma resposta para a primeira questão que, recordo, era a de tentar avaliar o impacto dos dados no mundo global contemporâneo. Os investigadores citados, situados em pontos distintos do trabalho de procura de conhecimento, coincidem, na sua teorização e conceptualização, na ideia de que os dados e a informação ocupam agora um lugar que nunca tinham atingido, e procuram o melhor conceito para o definir. Ao mesmo tempo, os investigadores identificam os modos como os dados e a informação ocupam o mundo, e o mundo de cada um de nós, sublinhando a instalação de práticas como a dadoficação e a dadovigilância e desvios como o dadoismo. No entanto, sendo válidas as teorizações captadas neste texto, e transportando, todas elas, pistas para futuras investigações, a pesquisa e a literatura existentes mostram que é mais complexa a procura de uma resposta para a segunda questão, a da quantificação da presença dos dados e da informação no mundo — por outras palavras, para revelar a dimensão precisa da dadoesfera global.

O problema não é o de quantificar os dados que a todo o segundo são colhidos, produzidos, partilhados e aplicados, porque estes jorram de todos os fluxos da esfera pública, para recuperar o conceito de Habermas, e têm visibilidade suficiente para a fixação de métricas. O problema é o de encontrar a metodologia certa para avaliar, de modo rigoroso, o seu impacto nas esferas pessoal e profissional, e na actividade das entidades envolvidas na governação e no mercado.

No que se refere a dados que permitam medições, o problema não é, como referi, o da sua inexistência. Pelo contrário, as entidades públicas e privadas com capacidade de recolha na área conseguem partilhar quantificações fascinantes.

Branka Vuleta, da plataforma digital Seed Scientific, aponta, numa postagem em Janeiro de 2021, que a quantidade de dados digitais no mundo no fim de 2020 foi de 44 *zettabytes*, e que a previsão para 2025 é a de que sejam gerados 463 *exabytes* por dia, levantando a possibilidade de que, neste futuro ano, as várias entidades produtoras, que vão de empresas a simples cidadãos, irão gerar 175 *zettabytes* de dados.

Para uma noção visível do que implica o número acima citado, tenha-se em conta, para começar, que um *zettabyte* é equivalente a um trilião de *gigabytes*, e, depois, que se este volume de dados fosse guardado em DVD, exigiria uma pilha suficiente para dar 222 vezes a volta ao mundo.

O IDC, uma das entidades de pesquisa mais respeitada na área, publica um relatório anual, bem como vários prospectos, ao abrigo do seu programa «Dadoesfera Global», que assenta na medição de todos os dados que são criados, recolhidos e replicados, bem como do tamanho do mercado. Para o IDC, a dadoesfera global tem como componentes centros de dados na nuvem, infra-estruturas como empresas e torres celulares, e pontos de acesso, como computadores e telefones inteligentes, e inclui setenta categorias de criação e uso de dados, do entretenimento à medicina.

No estudo «Data Age 2025 — The Digitization of the World, From Edge to Core», publicado em 2018, o IDC começa por defender, em linha com os investigadores que cito neste texto, que a transformação digital não é sobre a evolução dos dispositivos, mas sim sobre a integração de dados informativos em tudo o que fazemos. Deste modo, aponta o IDC, o mundo conduzido pelos dados estará sempre conectado, sempre em detecção, sempre em monitorização, sempre a ouvir e sempre a ver, porque estará sempre a aprender.

Apontando também para os já referidos 175 *zettabytes* de dados em 2025, dos quais 9 *zettabytes* estarão na posse de empresas, o IDC faz algumas previsões curiosas. Consideram os analistas do instituto que 49% do armazenamento de dados será feito em ambientes abertos na nuvem, que 6 mil milhões de pessoas, 75% da população mundial, usando 150 mil milhões de dispositivos, irão interagir diariamente com dados, e que 30% da dadoesfera será acedida em tempo real. Porém, talvez o dado mais agitador capturado pelos analistas do IDC é que, em 2025, uma pessoa conectada terá 4909 interacções diárias com dados, o que dá uma interacção a cada 18 segundos.

Num outro estudo, feito para a empresa Seagate, o IDC recolheu os dados referentes a empresas, tendo o ano em que estamos, 2022, como referência. O IDC estima que, neste momento, os centros de dados tradicionais possuem 570 *terabytes* de informação, as nuvens, privadas e públicas, 498 *terabytes*, os centros de dados de empresas remotas, 407 *terabytes*, as empresas de periferia 390 *terabytes*, além de que 160 *terabytes* estão guardados em outras localizações. Contudo, refere o IDC, apenas 56% dos dados existentes são recolhidos, e apenas 57% dos mesmos são explorados para gerar informação.

No que diz respeito ao poder geopolítico, há também alguma informação interessante. Num estudo publicado, em Janeiro de 2019, na Harvard Business Review, Bhaskar Chakravorti escreve que «a nova ordem mundial, gerada pela produção e posse de dados, parece ser muito mais complexa do que uma simples estrutura bipolar [...]». Chakravorti partilha que, para fazer a sua medição, usa uma metodologia a que chama produto bruto de dados, que assenta *i)* no volume, quantidade absoluta de banda larga usada por um país; *ii)* no uso, quantidade de utilizadores activos na rede; *iii)* na acessibilidade, abertura institucional para a circulação dos fluxos de dados; e *iv)* na complexidade, consumo de banda larga *per capita*. Os dados resultantes desta metodologia, revela o investigador, indicam que os Estados Unidos da América lideram o mercado dos dados, seguidos pelo Reino Unido, pela China, e, depois, pela Suíça, pela Coreia do Sul, pela França, pelo Canadá e pela Suécia. Curiosamente, a Índia e o Brasil só aparecem em lugares após o vigésimo.

Sendo possível quantificar, com as limitações possíveis, as várias dimensões e extensões da «dadoesfera global», para recuperar o conceito feliz do IDC, torna-se mais complexo medir o valor financeiro daquela e dos vários mercados que alimenta. O *The Economist*, no já citado relatório de 2020, aponta inequivocamente que «não há ainda um valor real para os dados», além de que «uma metodologia robusta tem ainda de ser criada» para se obter uma dimensão real do mercado.

O centro do problema é, obviamente, a natureza dos dados e da informação, que os coloca numa classe especial de capital económico. Neste ponto, não será inútil recordar as sete leis da informação, propostas em 1999 por Daniel Moody e Peter Walsh, num artigo científico hoje famoso, com o título «Medir o Valor da Informação: uma abordagem de valorização de activos». Moody e Walsh identificam como primeira lei que a informação é partilhável de modo infinito, como segunda, que o seu valor aumenta com o uso, como terceira, que a informação é perecível, como quarta, que o seu valor aumenta com a sua precisão, como quinta, que o seu valor aumenta quando combinada com mais informação pertinente, como sexta, que mais informação não significa melhor informação, e como sétima, que a informação não é esgotável.

No combate à limitação, ou falha, referida, têm sido feitas recentemente várias tentativas de medição integral do mercado, utilizando diversas metodologias. Uma primeira aproximação é a das Nações Unidas com o estudo «A Economia dos Dados: Transformação Radical ou Distopia», publicado em Janeiro de 2019. Considerando que «os dados estão a moldar o futuro da humanidade», os autores consideram que há razão para existir já uma «economia dos dados», assente na produção, distribuição e consumo de dados digitais. No entanto, referem, embora os dados sejam já um factor crítico de produção, complementando o trabalho e o capital físico, este capital tem uma natureza específica, que dificulta a sua quantificação. Assim, escrevem os autores, «o uso dos dados por muitos utilizadores não diminui o seu valor, pelo contrário aumenta-o» e «o valor de um único indicador de dados pode ser diminuto, mas pode ser multiplicado se for agregado e analisado em conjunto com outros indicadores relevantes». Além disso, acrescentam, indivíduos, agregados familiares e empresas frequentemente são simultaneamente produtores e consumidores na economia dos dados. Assim, apontam os investigadores, «dadas as razões enunciadas, é difícil avaliar com precisão o valor dos dados».

Os analistas das Nações Unidas conseguem estabelecer uma cadeia de valor para a economia dos dados, referindo que esta se inicia com a recolha de dados pessoais e de todos os outros tipos de dados, continua com a sua disponibilização para armazenamento e análise, e é concluída com a utilização de algoritmos e código de *machine learning* para a detecção de padrões e relações. Do mesmo modo, os autores apontam que muitas empresas no mercado dos dados realizam em acumulação múltiplas funções que geram valor, como são as de recolha, armazenamento, transporte, análise e publicação de dados, e identificam os operadores dominantes, em que não se regista nenhuma surpresa, sendo os habituais Alphabet, Microsoft e seus pares, incluindo os chineses.

No capítulo do valor financeiro, com os dados que dispõem, os analistas apontam para um mercado ainda reduzido. Referem que na União Europeia o lucro agregado das empresas que estão incluídas na economia directa dos dados é de 65 mil milhões de euros, o que representa 0,49% do PIB da União Europeia, e nos Estados Unidos e no Japão a economia dos dados representa 1% e 0,8% dos respectivos PIB.

O estudo das Nações Unidas poucos mais dados consegue acrescentar. Anota que as vinte e cinco maiores firmas tecnológicas apresentam uma valorização no mercado de 6 milhões de biliões de dólares, e que as cinco maiores empresas do segmento — Alphabeth, Amazon, Apple, Facebook e Microsoft — atingem um valor de mercado de quatro milhões de biliões de dólares. No entanto, escrevem os analistas, a principal conclusão a que chegam é que «a economia dos dados é altamente irregular, manifestando poderes assimétricos, entre empresas, entre empresas e consumidores e entre empresas e Estados» gerando «o crescimento de monopólios de dados».

A União Europeia, recorrendo às metodologias e bases de dados do IDC, publicou, em 2020, o relatório «O Mercado de Dados Europeu, Factos e Indicadores Essenciais». O relatório assenta a sua metodologia numa análise tripartida quantitativa da economia dos dados, com base *i)* no valor dos produtos e serviços vendidos no mercado dos dados, *ii)* nas empresas que fornecem produtos e serviços aos utilizadores de dados, e *iii)* nos impactos gerados, naquilo a que chama a economia geral, pelos negócios das entidades individuais e colectivas abrangidas pelos dois primeiros campos.

A partir desta metodologia, os relatores indicam que a economia dos dados na União Europeia e no Reino Unido atingiu, em 2019, um valor global de 400 mil milhões de euros, um aumento de 7,6% em relação a 2018, e o mercado dos dados atingiu um valor de 75 mil milhões de euros, registando também um aumento anual de 4,9%. No entanto, comparado com o mercado maior, o dos Estados Unidos, que, em 2019, atingiu, segundo o relatório, 185 mil milhões de euros, o mercado europeu é ainda relativamente modesto.

Segundo os números recolhidos pelos relatores, as receitas dos fornecedores de dados atingiram 84 mil milhões de euros, sendo estes na sua maioria empresas do Reino Unido, Alemanha, França e Itália, e representam 3,7% das receitas das empresas do mercado total europeu.

Curiosamente, o relatório aponta para a existência de 7 milhões de profissionais de dados na UE e no Reino Unido, embora sejam necessários ainda mais 459 mil, a julgar pelas ofertas de emprego que não foram ocupadas.

Baseando-se na pesquisa do IDC, o relatório, com 2025 como cenário, aponta para que a economia e o mercado dos dados continuem a crescer, prevendo-se, na análise mais modesta, que o mercado deverá atingir os 82,5 mil milhões de euros, e a economia, 550 mil milhões de euros.

O relatório partilha ainda alguns indicadores parciais. Refere que os fornecedores de dados europeus, incluindo os britânicos, são actualmente 149 mil, e os utilizadores de dados atingem o número de 716 mil.

O Bennet Institute for Public Policy, da Universidade de Cambridge, publicou igualmente, em 2020, um relatório com o título «O Valor dos Dados». No entanto, os investigadores revelam as mesmas dificuldades que os seus pares já citados, escrevendo que «colocar um número preciso para o valor dos dados é extremamente difícil, porque há muitas tipologias de dados que são usados de modos diferentes e não previstos». Os investigadores referem, para começar, que os dados têm características económicas diferentes dos outros capitais e bens, como a já referida capacidade de não perderem valor com o uso, e de possuírem externalidades positivas, a também já referida propriedade de poderem ser agregados e combinados a partir de diversas origens. Depois, acrescentam, dados de grande qualidade são mais valiosos, porque reduzem o risco e a incerteza na análise, mas esta qualidade depende do modo como são usados.

Os académicos da Universidade de Amesterdão que contribuem para o artigo «Dados como Bens Económicos», publicado, em Novembro de 2018, no *ITU Journal*, isolam outras dificuldades para a chegada a um valor de mercado. Escrevem eles que «fontes tradicionais de dados como as aplicações e bases de dados de empresas são agora complementados por uma variedade de dados abertos e dados dos *media* sociais», além de que a digitalização da economia e o volume crescente de dados criaram um novo mercado de tecnologias e serviços de grandes volumes de dados. Deste modo, referem os académicos, a receita dos serviços e tecnologias dos grandes volumes de dados é pequena comparada com o valor que deverá ser gerado em sectores como o comércio, produção, finanças e seguros, administração pública e saúde, que possuem agora as ferramentas necessárias para criar usos inovadores para os dados.

Uma tentativa rigorosa e abrangente de medir o valor dos dados e da informação nos vários mercados globais é realizada pela OCDE no estudo «Um Mapa em Direcção a um Enquadramento Comum para Medir a Economia Digital», disponibilizado em 2020. Os autores anotam que «a crescente digitalização, que inclui a passagem da informação a digital, e aplicação de tecnologias digitais estão a expandir aquilo que habitualmente se nomeia como a economia digital», principalmente, porque «fluxos de dados transfronteiriços permitem às empresas coordenar os seus processos de produção, vendas e pesquisa», ao mesmo tempo que «a análise de dados tornou-se num meio importante para monitorizar fenómenos globais, enquanto que o crescimento de sensores conectados permite novos modos de recolha de dados». Os autores acrescentam ainda o aumento extraordinário dos centros de dados, cuja capacidade de armazenagem lhes permite realizar um tráfego permanente de dados, que chegou já, em 2021, aos 20 *zettabytes*, e do volume de dados gerado por telemóveis inteligentes, que atingiu 41% de todo o tráfego digital.

No entanto, os peritos da OCDE também não conseguem fugir aos problemas metodológicos que se colocam para medir o que referem ser a economia digital. Escrevem eles que «uma extensa gama de aproximações e indicadores foi desenvolvida para medir vários aspectos da economia digital», porém, «encontrar uma definição que satisfaça simultaneamente todos os critérios é um desafio considerável [...]». Para sair deste labirinto, a OCDE propõe um modelo de medição quantitativa baseada em níveis. O primeiro nível é formado apenas pelos produtores de bens e serviços digitais, o segundo inclui aqueles mais as empresas que usam dados digitais, o terceiro incorpora os dois primeiros e ainda toda a actividade das empresas que é potenciada por serviços e produtos digitais, e o quarto, e último, é formado por todas as actividades e interacções em ambiente digital, incluindo as que ocorrem em plataformas abertas.

Com esta metodologia, a OCDE propõe como conceito de economia digital «toda a actividade económica que se apoia, ou é potenciada pelo uso de sistemas digitais, incluindo tecnologias digitais, infra-estruturas digitais, serviços digitais e dados e abrangendo todos os produtores e consumidores, incluindo governos que usam os referidos sistemas nas suas actividades económicas». Enquanto esta metodologia não for aplicada, referem os peritos da OCDE, uma medição do mercado dos dados e digital será sempre parcial, limitada e imprecisa. A prova disto é que a própria OCDE só consegue chegar a uma medição demasiado larga, referindo que nos países do G20 o valor de mercado das empresas de médio e de alto uso do digital chega aos 46%, destacando-se os Estados Unidos e a Alemanha, com 54%.

A metodologia proposta pela OCDE poderá permitir no futuro próximo medições precisas do mercado, mas poderá também tornar-se parcial ou totalmente ineficaz devido à evolução vertiginosa dos processos e dos usos dos dados e da informação.

Num documento publicado em 2021, «Medindo o Valor Económico dos Dados», da autoria de Mitchell, Ker e Lesher, a OCDE volta a tentar sair do labirinto que é encontrar um valor para este mercado. Os peritos apontam que a primeira dificuldade é exactamente a de encontrar uma definição universal de dados, indicando que escolhem a adoptada recentemente pela OCDE, que refere dados como conteúdo de informação que é produzido através do acesso a fenómenos observáveis e do registo, organização e armazenamento de elementos de informação relevantes a partir destes num formato digital, que pode ser acedido electronicamente para referência ou processamento. De seguida, os autores do estudo defendem que, para analisar o valor dos dados, deve ser tido em conta o seu conteúdo, o que os dados registam e o contexto, isto é, o processo em que os dados são recolhidos, armazenados e usados.

No entanto, mostram os peritos, o grande desafio está na natureza dos dados. Escrevem eles que «os dados são diferentes. Embora possam agir como um activo fixo ao contribuírem repetidamente para a produção ao longo do tempo, as características únicas dos dados significam que a análise convencional utilizada para avaliar o valor dos activos físicos e das mercadorias não pode captar eficazmente o valor dos dados». Para os autores, talvez as duas características mais significativas sejam a forma única como a produção de dados, muitas vezes, não é totalmente «concluída», do mesmo modo que pode haver um embaçamento da linha entre o valor criado como resultado da produção e o valor resultante dos fenómenos observáveis que estão na base dos produtos de dados. Por outro lado, os autores não ocultam que o «desafio primordial enfrentado» é o de que há uma quantidade muito limitada de informação sobre o preço de mercado dos activos de dados.

Perante todas estas limitações, Mitchell, Ker e Lesher, referem que as metodologias empregadas são bastante limitadas. Ainda assim, indicam que uma metodologia relativamente válida é a de «analisar as receitas geradas pelas empresas que criam valor explícito a partir de dados (ou seja, as que recolhem, compilam, e vendem bases de dados e produtos associados)», que, nesta perspectiva, apontam para que estas actividades tenham valido mais de 60 mil milhões de dólares nos Estados Unidos, em 2017, cerca de 1,4 mil milhões de dólares no Canadá e cerca de 19,5 mil milhões de euros na União Europeia, em 2016.

Num estudo publicado em 2016, com o título «A Era da Análise: Competir num mundo guiado pelos dados», o Mckinsey Global Institute (MGI) alerta para várias tendências que tornarão as medições ainda mais complexas. Considerando os dados como «um activo crítico para as empresas», o MGI anota que «dados e análises implicam novos modelos disruptivos», que vão «da introdução de novos conjuntos de dados às capacidades de integração massiva de dados». O MGI refere que novos modos de uso e aplicação dos dados, como são a criação, a agregação e análise usando algoritmos e o poder computacional sofisticado, irão criar novos agentes, novas empresas e, principalmente, novos modelos de negócios, o que irá obrigar a novas formas de medição do seu valor e da sua ocupação e relevância nos vários mercados globais existentes.

IV

O PODER DE OCUPAÇÃO DAS ENTIDADES DIGITAIS

Como raras vezes acontece, talvez seja útil o recrutamento da experiência de um executor para nos iluminar um pouco, neste caso, o crescimento do impacto no mundo global que os dados e a informação provocaram nas duas últimas décadas e irão seguramente provocar nas próximas.

Nas suas memórias, *Vigilância Massiva, Registo Permanente*, Edward Snowden é exemplarmente cristalino sobre o modo como os dados e a informação estão a construir um mundo novo. Escreve ele que «os nossos dados viajam para longe. Os nossos dados viajam sem parar». Acrescenta que «hoje, sejamos nós quem formos, ou onde quer que estejamos [...] somos entidades múltiplas que deambulam pelos caminhos dos dados, sem um país a que possamos chamar nosso [...]».

A direcção em que seguimos, garante Snowden, determina que «[...] se não reclamarmos os nossos dados agora, os nossos filhos não poderão fazê-lo. Nesse caso, eles, e os seus filhos, ficarão também encurralados — cada geração sucessiva condenada a viver com o espectro dos dados da anterior, sujeita a uma acumulação massiva de informação cujo potencial de controlo social e manipulação humana excede não só as restrições da lei, mas também os limites da imaginação».

A procura de um contexto para o que está a acontecer nos inúmeros nós da rede e nos mais variados pontos públicos e privados de armazenamento, análise, produção e partilha de dados e de informação, por outras palavras, como está a ser gerida a posse e o controlo na dadoesfera e na infoesfera globais, é tudo menos simples. O que está a acontecer, apontam de forma unânime os peritos, é uma revolução nos modos de processamento, difusão e publicação, ditada pela evolução permanente e vertiginosa de várias tecnologias reunidas, como temos assinalado neste texto.

Deste estado instável do mundo dão conta Andrew McAfee e Erik Brynjolfsson, dois dos peritos mais lidos neste tema, no livro *Machine, Platform, Crowd*, publicado em 2017. «Neste momento, simplesmente há demasiada mudança e demasiada incerteza», escreve o duo. Os autores desenham uma teorização assente na hipótese de que vivemos «a segunda fase da segunda era da máquina», embora reconheçam que é árduo definir a sua data de começo. Esta segunda fase, para McAfee e Brynjolfsson, é aquela, a partir de 2010, em que «tecnologias de ficção científica começaram a surgir no mundo real». As características fundamentais desta segunda fase são, para os autores, «[...] um tempo em que as tecnologias demonstram que podem fazer trabalhos que nunca conseguiríamos pensar [...], aprendendo por si só a resolver problemas», mas também o facto de «centenas de milhões de pessoas terem em sua posse em todos os momentos computadores poderosos, flexíveis e conectados». Sendo este o estado do mundo, reforçam os autores, pela primeira vez na história da humanidade, uma quase maioria dos adultos do mundo estão agora conectados digitalmente, e com acesso a uma larga fatia do conhecimento acumulado do mundo, podendo contribuir para este conhecimento.

Richard Baldwin, um economista destacado pelos seus trabalhos sobre a robótica e a globalização, escreve no seu último livro, *The Great Convergence: Information Technology and the New Globalization*, que «revolução é uma palavra frequentemente usada sem cuidado», contudo, «quando atribuída às tecnologias de informação e comunicação, a palavra é bem merecida». Baldwin escreve que, mais do que de outros modos, «a revolução pode ser entendida nos números». Na compilação quantitativa que destaca, a quantidade de informação transmitida por telecomunicações durante todo o ano de 1986 podia ser transmitida em apenas dois milésimos de segundo em 1996. O aumento do volume de informação entre 2006 e 2007 é vastamente superior à soma de toda a informação transmitida na década anterior. A taxa de crescimento do poder computacional é ainda mais fabulosa, e quem queira projectar este crescimento numa folha de Excel, só o consegue fazer para um período de doze anos, já que o Excel não consegue lidar com números tão altos.

Para Baldwin, «uma pessoa rapidamente esgota os adjectivos para descrever a magnitude das mudanças provocadas pelo aumento da capacidade para colher, processar e transmitir informação, mas transformativo, revolucionário e disruptivo são todos adequados». Baldwin atribui a revolução provocada pelas tecnologias de informação e comunicação à diminuição dos custos de computação e armazenamento de dados, à evolução das transmissões e à reorganização de métodos possibilitada pelas tecnologias de computação.

McAfee e Brynjolfsson acrescentam que, para conhecer a causa desta revolução, «é preciso entender dois tipos raros de economia, [o] dos produtos informativos que são feitos de *bits* e não de átomos, e [o] das redes». Quanto aos produtos informativos, os autores defendem que as suas propriedades essenciais são ser «grátis, perfeitos e instantâneos», visto que assim que algo é digitalizado, a sua cópia é praticamente gratuita, não perde qualidade, e pode ser imediatamente distribuído. Quanto às redes, o duo defende que a sua importância está no facto de que «o poder económico de um produto informativo aumenta se uma rede estiver disponível [...] porque permite a distribuição de um lugar para outro, ou de um lugar para muitos».

É esta natureza dos dados, e as suas características económicas, consideram os investigadores, que tornam as plataformas como agentes poderosos no domínio dos dados e da informação. Escrevem os dois autores que as plataformas são ambientes digitais que retiram vantagem dos factores económicos grátis, perfeito e instantâneo. Para ser mais preciso, uma plataforma pode ser definida como um ambiente digital caracterizado por quase zero custo marginal de acesso, reprodução e distribuição. Para mais, anotam os investigadores, as plataformas digitais possuem ainda a capacidade decisiva de «desagregar recursos que costumavam estar agrupados em conjunto, o que dificultava o seu consumo individual», como é o caso das notícias num jornal físico, ou de uma canção num álbum em formato também físico.

Laura Denardis, no seu livro *The Internet in Everything*, alerta que o contexto em que se realiza o domínio da informação é agora mais vasto e intrincado do que nunca. Com o objectivo de mostrar que regular a infra-estrutura e o conteúdo da rede é fundamental para a política e para a economia contemporâneas e globais, Denardis firma-se num conceito, o «de disrupção *cyber*-física», para ancorar a sua observação. A académica defende que «a Internet já não é apenas um sistema de comunicação que conecta pessoas e informação. É um sistema de controlo conector de veículos, dispositivos portáteis, aparelhos domésticos, drones, equipamento clínico, moedas nacionais e qualquer sector industrial que se possa conceber. O *cyberespaço* funde-se agora completamente, e por vezes de modo imperceptível, com os espaços *offline*, esbatendo as fronteiras entre os mundos material e virtual».

Ao mesmo tempo, destaca Denardis, «o que conta como uma "empresa da Internet" ou uma "empresa tecnológica" mudou se tivermos em conta o contexto de sistemas que integram componentes materiais e digitais. Todas as empresas são agora empresas tecnológicas, não só empresas tecnológicas tradicionais como o Google, mas qualquer empresa que fabrique produtos com sistemas *cyber* integrados ou recolha quantidades massivas de dados digitais». Para Denardis, esta fusão, a disrupção *cyber*-física, está e irá provocar tremendas consequências em todos os campos da vida humana, exactamente porque, em simultâneo, a cada segundo, há mais informação disponível, na posse de muitos mais agentes.

A investigadora destaca, antes do mais, as consequências para a segurança nacional dos Estados, já que a expansão da Internet para os objectos do dia-a-dia é «uma nova matriz de ameaça», mas também para a privacidade individual, dado que «objectos conectados com a Internet trazem preocupações de privacidade para a esfera íntima da existência humana», muito além das práticas invasivas de recolha de dados já existentes, como são as do Facebook, do Google e de outros intermediários de conteúdo.

Neste mundo contemporâneo, observa Denardis, «esferas híbridas *online-offline* penetram o corpo, a mente, e os objectos e sistemas que colectivamente constroem o mundo material, a Internet já não é apenas acerca de comunicação, mas também já não é simplesmente um espaço virtual», fazendo com que «já não tenha sentido ver espaços *online* e *offline* como esferas distintas, tanto técnica como politicamente [...] dado que estão interligados».

Partindo da possibilidade de ser este o estado dominante da sociedade contemporânea, para Denardis, o problema está em que, à medida que as novas tecnologias se tornam mais difusas e menos visíveis, porque estão integradas nos sistemas materiais, as implicações geradas por estas tecnologias vão ficando mais dissimuladas, e escolha e consentimento ficam suspensos, apesar de «a economia digital, a vida social e os sistemas políticos estarem completamente dependentes da estabilidade e segurança destas infra-estruturas». É que, sublinha Denardis, «construções de arquitectura técnica são também construções de poder [...], aqueles que controlam o desenho e a administração de tecnologias moldam as estruturas de poder».

O sociólogo Vincent Miller é outro académico que atribui importância à construção e moldagem técnica e ideológica da infra-estrutura como condição decisiva para a natureza das plataformas e para o domínio dos vários usos dos dados e da informação. No seu estudo, «Understanding Digital Culture», Miller começa por invocar Castells, escrevendo que este se refere a esta superação da distância e à capacidade resultante para comunicar em tempo real numa escala global como o espaço dos fluxos. Assim, defende Miller, o que pode ser ganho da discussão da compressão tempo-espaço e do espaço dos fluxos é a consideração de que as tecnologias digitais de comunicação têm importância como um sistema de infra-estrutura que permite certas práticas e relações sociais. A infra-estrutura está relacionada com a fundação básica de uma organização ou sistema que permite que alguma coisa funcione.

Para Miller, «as infra-estruturas das comunicações digitais não foram desenvolvidas apenas para permitir um conjunto particular de iniciativas económicas (a necessidade de globalizar na procura de lucro)», fazendo com que «[...] esta base infra-estrutural tenha gerado um enquadramento sob o qual novas formas de organização, de relações e de experiências podem surgir», como são, para o que investigamos, as entidades que processam dados e informação e os modos e objectivos com que os partilham.

Um contributo decisivo para o conhecimento do que está em causa, no que respeita a economia e poder político, quando nomeamos infra-estruturas e plataformas digitais, é o partilhado por Lina M. Khan, em Janeiro de 2017, na revista *Yale Journal*. Na altura, uma académica dedicada ao estudo das leis, Khan publicou o hoje célebre artigo científico «Amazon's Antitrust Paradox», que não só fez doutrina, como contribuiu para que fosse chamada a presidir à poderosa Comissão Federal do Comércio (*Federal Trade Comission*) dos Estados Unidos. No artigo, Khan estabelece uma base de reflexão muito simples, quando escreve que «as plataformas emergiram como artérias centrais na economia moderna». A partir daqui, Khan observa que os racionais económicos e as dinâmicas de negócio das plataformas digitais geram incentivos para as empresas, para procurarem o crescimento no lugar de lucro, e os mercados digitais e o controlo dos dados podem criar novas formas de actividade anticompetitiva.

Khan insiste na posse dos dados e da informação, porque, segundo ela, «os efeitos de operar em rede e o controlo sobre os dados fazem com que vantagens iniciais se transformem em auto-reforços. O resultado é o de que os mercados das plataformas tecnológicas são dominados por um pequeno número de empresas».

No caso da importância do controlo dos dados e da informação, a académica especifica primeiro que o controlo de uma plataforma sobre os dados pode também reforçar a sua posição. O acesso aos dados dos consumidores permite às plataformas adequar os seus serviços e estimular a procura. O envolvimento em vários mercados, entretanto, pode permitir a uma empresa usar dados de um mercado para beneficiar outra linha de negócio, além de que o referido controlo torna mais fácil para as plataformas dominantes entrar em novos mercados. Mais ainda, acrescenta, olhando de outro ângulo para o lugar decisivo do domínio dos dados, «já que as plataformas digitais operam em mercados onde os efeitos de rede e controlo sobre os dados solidificam a dominância prévia, uma empresa que queira competir nestes mercados tem de procurar capturar os dados». A partir de um terceiro ângulo, Khan escreve ainda que «os riscos sistémicos criados pela concentração entre plataformas [...] envolvem a concentração de dados. O facto de que uma larga parte dos dados de consumidores possam estar concentrados numa única companhia faz com que ataques informáticos ou falhas técnicas dessas companhias se tornem mais disruptivos».

Considerando que o seu principal objecto de estudo, a Amazon, «controla efectivamente a infra-estrutura da economia da Internet», Khan nomeia um outro poder destas entidades, escrevendo que «permitir a uma plataforma dominante integrada verticalmente nomear e escolher a quem disponibiliza os seus serviços, e em que condições, tem potencial para distorcer a competição justa e a economia como um todo».

Khan tem ainda um último apontamento, elaborado de modo mais aberto, quando aponta que há uma razão de peso para perguntar se autorizando a Amazon a alavancar a sua plataforma para integrar linhas de negócio, tal permite-lhe um poder político e económico indevido.

Se há alguém que não tem dúvidas sobre o poder político e económico, para ela desmesurado e incontrolado, das entidades tecnológicas, das quais uma maioria são entidades que lidam com dados e informação em ambiente digital, é a académica Shoshana Zuboff. Em 2019, saltou dos círculos académicos para o mundo, com a publicação do livro *A Era do Capitalismo da Vigilância*. No essencial, o texto, que sistematiza a investigação de quinze anos de Zuboff, está subordinado a dois eixos. O primeiro é construído por uma análise densa e extensa da natureza, propriedades e estratégias das entidades tecnológicas. O segundo parte da análise referida para uma proposta teórica, a de que as entidades citadas têm como plano supremo um capitalismo de vigilância para o mundo contemporâneo global, isto é, um controlo da vida humana assente na extracção, o termo que Zuboff escolhe, e uso permanente dos dados e da informação de todos nós e de tudo com que interagimos para a obtenção de lucro e de domínio. O fundamental do conceito para Zuboff é que o capitalismo de vigilância «é uma nova ordem económica que reivindica a experiência humana como material cru e gratuito para práticas comerciais ocultas de extracção, predição e vendas [...] a origem de um novo poder instrumental que estabelece um domínio sobre a sociedade e apresenta desafios espantosos à democracia de mercado».

Para Zuboff, as entidades tecnológicas, activas e futuras, serão não apenas agentes poderosos da política e economia globais, como uma ameaça existencial para a humanidade. Escreve ela que «tal como a civilização industrial floresceu à custa da natureza [...] uma civilização da informação moldada pelo capitalismo de vigilância e o seu novo poder instrumental irá prevalecer à custa da natureza humana e ameaça custar-nos a nossa humanidade».

A académica confessa que a pergunta que norteou toda a sua investigação foi «pode o futuro digital ser a nossa casa?» e escreve que, apenas um momento atrás, ainda parecia razoável concentrar as nossas preocupações nos desafios colocados pelo local de trabalho dominado pela informação ou nos da sociedade da informação. Agora, as questões clássicas — as do conhecimento, autoridade e poder, refere Zuboff — «devem ser analisadas com o maior enquadramento possível, cuja melhor definição é civilização, ou, mais especificamente, civilização da informação».

No que toca ao meu modesto tema de investigação, bastante inferior ao de Zuboff, a académica escreve que «o capitalismo de vigilância reivindica unilateralmente a experiência humana como material cru gratuito para aplicação em dados comportamentais. Embora alguns destes dados sejam aplicados no melhoramento de produtos ou serviços, os restantes são declarados como excedente comportamental, destinado a alimentar processos avançados de fabrico conhecidos como *machine intelligence* e transformados em produtos preditivos que antecipam o que fazemos agora, e faremos em breve e mais tarde».

Zuboff acrescenta que estes produtos preditivos são negociados num novo tipo de mercado de predições comportamentais, a que chama mercados de futuros comportamentais. Neste ponto, a académica insiste em anular uma percepção errada comum, ao defender que «capitalismo de vigilância não é tecnologia; é uma lógica que implica tecnologia e a dirige para acção», levando a que não deva ser esquecido o «ponto vital», segundo Zuboff, de que «os capitalistas de vigilância querem que nós pensemos que as suas práticas são expressões inevitáveis das tecnologias que empregam».

São estas práticas que captam, em enorme medida, a investigação de Zuboff. Numa primeira abordagem geral, Zuboff defende que lidamos com o objectivo, por parte das tecnológicas, de dominarem a tecnologia de «computação ambiente», «computação ubíqua» ou a «Internet das coisas», ou seja, para recuperar a teorização de Mark Weiser, aponta ela, «processos computacionais ubíquos e automatizados que se entrelaçam no tecido do quotidiano até não se distinguirem deste». Ou seja, conceptualiza Zuboff, «a em todo o lado, sempre ligada instrumentação, dadoficação, conexão, comunicação e computação de todas as coisas, animadas e inanimadas, e de todos os processos — natural, humano, psicológico, químico, mecânico, administrativo e financeiro».

A académica anota que, subordinados ao imperativo da predição, os tecnólogos e entidades envolvidas neste campo desejam que qualquer nível de intimidade tem de ser automaticamente capturado e colocado num fluxo de pontos de dados destinados às fábricas que trabalham para o fabrico da certeza. De seguida, revela Zuboff, usando como exemplo o trabalho de Joseph Paradiso no MIT Media Lab, uma das instituições de ponta nesta área, o objectivo da maioria das entidades tecnológicas «é a grande síntese: a fusão de qualquer tipo de dados de sensores de qualquer canal ou aparelho para desenvolver um ambiente de sensor virtual», capaz de recolher e depois analisar todos os tipos de dados. A académica anota ainda que a proposta de Paradiso, como de outros tecnólogos, é a de «resolver o desafio da "agregação de contexto", isto é, a capacidade para reunir rapidamente a informação dos sensores e transformá-la em aplicações», ou seja, que todos os espaços físicos e todos os traços de comportamento nesses espaços possam ser transformados em informação, que os espaços possam ser agregados num fluxo interminável de informação pesquisável.

Uma outra prática a que a investigadora dá bastante atenção é a desejada utilização, por parte das entidades tecnológicas, dos «dados sombrios», isto é, segundo Zuboff, «dados não estruturados», que, devido a esta condição, não podem ser analisados e usados. Zuboff defende que para aqueles que procuram receitas da vigilância, os dados sombrios representam territórios necessários e lucrativos no dinâmico *puzzle* universal criado pela necessidade que o capitalismo de vigilância tem de escala, objectivo e acção.

Zuboff chama às práticas trazidas a este texto, e a outras que não cabem no seu âmbito, rendição, um conceito que procura abarcar práticas operacionais concretas em que, através das quais, a despossessão é cumprida, à medida que a experiência humana é reivindicada como material cru para a dadoficação e tudo o que se segue.

Embora tenhamos assistido nos últimos dois anos a esforços de regulação encetados pelos Estados Unidos e pela União Europeia, ainda não terminados, a verdade é que as plataformas digitais albergam quase todo o tipo de conteúdos e exercem o domínio referido por Khan, Denardis e Zuboff, com as habituais excepções estabelecidas pelas leis internacionais e nacionais. Na verdade, o Congresso norte-americano produziu, em 2020, um volumoso relatório, «Investigação da Competição nos Mercados Digitais», com recomendações para o Executivo e para os legisladores, mas não há ainda aplicações destas em lei.

A União Europeia, por seu turno, está um pouco mais avançada. Nos últimos dois anos, trabalhou em duas iniciativas legislativas, a Lei dos Mercados Digitais e a Lei dos Serviços Digitais, e as versões provisórias destas foram aprovadas no final de Março de 2022 e Abril de 2022, respectivamente, pelo parlamento e pelo conselho europeus, tendo agora de ser alvo de uma aprovação final das várias instituições europeias para ganhar força de lei.

No essencial, a Lei dos Mercados Digitais obriga as grandes plataformas digitais a estarem abertas a cooperarem e a garantirem espaço de negócio para outras empresas, assegurando assim uma melhor e maior competição, e reforça tremendamente os mecanismos de protecção de dados pessoais dos utilizadores. Por sua vez, a Lei dos Serviços Digitais, no fundamental, estabelece mecanismos e regras que obrigam as plataformas digitais, das dominantes do mercado às mais pequenas, a uma regulação muito mais estreita e a providenciarem uma elevada transparência dos seus processos e negócios.

Ao mesmo tempo, a lei cria um sistema mais aperfeiçoado de garantia dos direitos fundamentais para os utilizadores das plataformas. Como escrevem os relatores da lei, o objectivo geral é existir «um maior controlo democrático e fiscalização das plataformas sistémicas, mitigando os riscos, como são a manipulação e a desinformação». A lei, quando entrar em vigor, obrigará os proprietários das plataformas digitais não só a monitorizar os seus conteúdos, eliminando os que atentam contra os direitos fundamentais ou violam as leis, como a apresentarem relatórios frequentes sobre as suas operações, nomeadamente, sobre a natureza dos algoritmos que usam.

Um aspecto muito interessante da lei é obrigar as plataformas a darem conhecimento aos investigadores sobre o seu uso da tecnologia e acerca das metodologias empregadas nos seus negócios. A União Europeia irá criar uma entidade para monitorizar as plataformas e velar pelo cumprimento das leis — o Conselho Europeu para os Serviços Digitais — e assinala que o não cumprimento das regras por parte das plataformas levará à imposição de multas avultadas.

V
A PULVERIZAÇÃO DO DOMÍNIO DOS DADOS E DA INFORMAÇÃO

Como uma só vez acontece, talvez seja útil o recrutamento de um visionário para nos iluminar um pouco, neste caso, o crescimento do impacto no mundo global que os dados e a informação provocaram nas duas últimas décadas e irão seguramente provocar nas próximas.

No longínquo ano de 1984, numa conferência de piratas informáticos de «chapéu branco», Stewart Brand, um dos grandes sonhadores da Internet como espaço de liberdade, informação e conhecimento, juntamente com Kevin Kelly, John Perry Barlow e um punhado de outros, teve um diálogo com Steve Wozniak — o genial engenheiro da Apple, que ficou para a história, e ainda hoje é tema de dissertação e discussão, além de bandeira de muitos que lutam contra a censura e o segredo.

A uma pergunta de Wozniak, Brand respondeu que «por um lado, e este é o ponto que tu, Woz, estás a defender, a informação quer ser cara porque é tão valiosa — a informação certa no sítio certo muda a tua vida. Por outro lado, a informação quase que quer ser livre, porque os custos de a obter estão sempre a descer. Assim, tens estas duas coisas a lutar uma contra a outra». Brand não podia ter iluminado de modo mais certeiro o território global dos dados e da informação que nos cerca e irá cercar nos próximos anos.

Como mostra o conhecimento recolhido para as páginas deste texto, processos e entidades poderosas e de natureza inexistente há vinte anos estão unidas numa revolução que ainda mal começou, mas que assenta na posse dos dados e da informação. O processo porventura decisivo, porque acaba por ser o fundacional, é o aumento da potência de várias tecnologias, dos algoritmos capazes de analisar grandes volumes de dados às plataformas que permitem a produção independente de informação, que podem agora ser agregadas para um mesmo fim. São estas tecnologias reunidas, e de modo ainda não optimizado, a trabalhar para um único fim, o de extrair racionais dos dados acumulados, que permitem a recolha, o processamento, a análise e a partilha da informação.

Na utilização intensiva destas tecnologias, recolhendo e partilhando dados de todo o lado e em todo lado, algumas delas fazendo já ou querendo fazer parte do tecido social, como alertam Dennardis e Zuboff, estão as entidades que invocamos. Não são entidades cuja natureza e objectivos nos permitam colocá-las a todas no mesmo grupo.

A informação é valiosa, apontou Brand, e em busca da posse e do domínio deste capital vemos as grandes tecnológicas a tentarem estabelecer dadoesferas gigantescas e a criar plataformas controladas de circulação de dados e de informação, mas vemos também entidades de enorme, média e pequena dimensão, dos serviços de informações dos Estados a empresas de análise de dados, passando pelas biotecnológicas, a tentar garantir a sua quota do valor e a estabelecer o seu domínio no ecossistema digital.

A informação quase quer ser livre, acreditou Brand, e vemos entidades singulares como Snowden, Assange e Rui Pinto, ou entidades colectivas, como o Bellingcat ou os Anonymous, a penetrar sistemas fechados e a revelar ao mundo dados e informação de enorme volume e relevância política, social e económica, que tinham permanecido sempre encerrados.

Perante a proliferação de dados e de informação, perante tanta competição para os dominar, e perante tanta incerteza sobre que entidades, de que natureza e que processos escolherão para triunfar, é quase uma utopia tentar desvendar o que irá acontecer nas áreas da nossa investigação, que são os *media*, a protecção dos Estados e o conhecimento científico. No entanto, recorrendo aos estudos e às investigações disponíveis, será talvez possível encontrar alguma visibilidade para a observação do que está a ser e será a implacável disputa pelo domínio dos dados e da informação.

No primeiro campo do meu trabalho, o dos *media* dedicados exclusivamente à informação, ou parcialmente, como é o caso das televisões tradicionais, há duas dimensões, pelo menos, que devemos ter em atenção e que condicionam a referida visibilidade que procuro partilhar. A primeira é a de que a distinção entre *media* tradicionais, jornais, rádios e televisões, e *media* digitais é hoje demasiado vaga, não conseguindo abranger uma série de entidades de natureza singular. A segunda é a de que, até há pouco tempo, os *media* de informação subordinavam maioritariamente o seu processo de trabalho à ética e à prática do jornalismo, porém, essa é uma realidade em mutação neste momento.

De entre os vários estudos globais que anualmente são partilhados, o «Relatório de Notícias Digitais» do Reuters Institute destaca-se pelo número de países dos quais retira dados, mas também pela lente minuciosa que consegue aplicar ao território mediático. Na edição de 2021, a mais recente, os investigadores do Reuters sublinham como «descobertas fundamentais» vindas do terreno alguns dos temas que são efectivamente os decisivos. Talvez o mais importante é que «a confiança nas notícias», produzidas por jornalistas, e publicadas em *media* clássicos, aumentou globalmente em seis pontos percentuais. No entanto, realçam os investigadores, a confiança em notícias com origem em motores de busca e plataformas sociais manteve-se estável, ou seja, alta, já que o uso das plataformas sociais para o acesso a notícias continua forte, especialmente entre as pessoas jovens e aquelas com baixos níveis de educação.

Neste campo, o instituto refere que os nossos dados sugerem que as marcas tradicionais de notícias e os jornalistas atraem atenção em volta das notícias no Facebook e no Twitter, mas são eclipsados pelos influenciadores e fontes alternativas em redes como o TikTok, Snapchat e Instagram. Acrescentam os relatores que «o impacto de democratização dos *media* sociais» faz com que seja prestada atenção significativa às ideias de pessoas comuns em todas as redes, ao mesmo tempo que, em redes como o Instagram, Snapchat e TikTok, o foco está também centrado de modo firme em celebridades ou outros influenciadores, levando os jornalistas a tocar o segundo violino, mesmo quando o assunto são notícias.

Os investigadores destacam a tendência global do «encerramento de jornais», apesar do surgimento de novos modelos de negócio, como são as assinaturas e o estatuto de membro, já que estes últimos estão ainda muito longe de cobrirem as receitas perdidas. No entanto, descobrem os autores do estudo, há uma tendência global para os públicos escolherem «o valor de informação precisa e de confiança, levando-os à procura de marcas de confiança», num movimento em que só as marcas de *media* maiores captam audiências suficientes, a que o relatório chama «o melhor e o resto», dado que na maior parte dos países, largas proporções das subscrições digitais vão apenas para umas escassas marcas nacionais de grande dimensão. Para mais, acrescentam os autores do relatório, as subscrições começam a funcionar para alguns *media*, embora não seja claro que funcionem para todos os consumidores. A maior parte das pessoas não se interessa suficientemente por notícias, ou não tem capacidade financeira suficiente, e outros podem resistir, porque preferem aceder a notícias de múltiplas fontes. Neste contexto, «as notícias emitidas pelas televisões continuam a ter um desempenho forte».

De modo paradoxal, indica o relatório, o aumento da confiança em notícias feitas segundo a metodologia jornalística não significa de modo algum um aumento da procura por notícias. Escrevem os investigadores que «de modo preocupante, os nossos dados mostram um declínio histórico no interesse pelas notícias. A este respeito, descobrimos que apoiantes políticos e os jovens sentem-se representados injustamente nos *media*», o que faz com que «vá ser especialmente complicado para as empresas de *media*» conseguirem «construir uma relação com leitores de vários quadrantes políticos e com a próxima geração». Aliás, neste ponto, o relatório indica que uma das descobertas mais alarmantes gerada pelos dados deste ano são os hábitos radicalmente diferentes dos sub-25, a chamada Geração Z, já que estes nativos digitais estarão menos inclinados a visitar um *website* de notícias e mais inclinados a usar os *media* sociais como a sua principal fonte de notícias. Sobre a Geração Z, o relatório acrescenta ainda que «profundamente em rede, adoptaram novas redes móveis como o Instagram e o TikTok para entretenimento, distração e para exprimirem a sua raiva política». Assim, envolver estas audiências é um desafio para redacções formadas por jornalistas que consomem notícias de modo totalmente diferente.

Uma das hipóteses avançadas pelo relatório para a superação do desafio referido é o das entidades clássicas de *media* «[...] tentarem fazer a ponte entre estas divisões [...] mas neste caso o desafio será o de se um jornalismo que faça o equilíbrio entre diferentes pontos de vista pode atrair audiências, mas também evitar ser apanhado nas batalhas políticas e culturais».

Outro tema decisivo estudado pelo relatório é de que modo e através de que dispositivos é feito o acesso às notícias. Uma primeira descoberta importante é que o uso de telefones inteligentes para a procura de notícias cresceu com a taxa mais elevada dos últimos anos, atingindo os 73%, enquanto o uso de computadores para o mesmo fim se manteve estável ou registou uma queda. Ao mesmo tempo, os investigadores anotam que «o acesso às notícias continua a ser cada vez mais distribuído». Assim, por todos os mercados, só 25% do público prefere começar a sua jornada de acesso com um *website* ou uma *app*, e os que estão na faixa etária entre os 18 e os 24 preferem duas vezes mais do que outros aceder a notícias via plataformas sociais, agregadores ou alertas de dispositivos móveis. Neste ponto, fundamental para a investigação fixada neste texto, o relatório anota o crescimento do uso de *apps* de mensagens e de plataformas sociais para o acesso a notícias.

Assim, escrevem os investigadores, o YouTube agora iguala o Facebook no uso para qualquer objectivo, o WhatsApp atinge 52% de uso, o triplo em relação a 2020, e o Instagram cresceu cinco vezes, em simultâneo, o TikTok e o Telegram estão a crescer rapidamente, confirmando uma mudança contínua para redes privadas. No geral, nos doze países que o Reuters monitoriza há sete anos, Reino Unido, Estados Unidos, Alemanha, França, Espanha, Itália, Irlanda, Dinamarca, Finlândia, Japão, Austrália e Brasil, «66% do público usa uma ou mais redes sociais ou *apps* de mensagens para consumir, partilhar e discutir notícias».

Os investigadores perguntaram aos membros da sua amostra global por que razão preferiam as plataformas sociais para aceder a notícias. Os frequentadores do Twitter dizem que o fazem, porque a plataforma é um bom sítio para obter e discutir as notícias mais recentes, os do Facebook, porque vão à plataforma por outras razões, acabando por descobrir notícias, os do Snapchat e TikTok, porque as plataformas são um local divertido e que gera entretenimento, e os do YouTube, porque procuram perspectivas alternativas das notícias.

Os autores do relatório não se esquecem de assinalar o crescimento dos *podcasts* e dos *podcasts* em vídeo, registado globalmente. Inevitavelmente, a conclusão do relatório não é a mais saudável para as entidades tradicionais e para o jornalismo. Escrevem os relatores que «ano após ano testemunhamos a mudança para um consumo de notícias mais digital, social e móvel [...]», o que «combinado com uma mudança tecnológica acelerada, obriga a um esforço fundamental de repensar como o jornalismo deve operar na próxima década, como negócio, em termos de tecnologia, e como profissão».

Um vislumbre ainda limitado do repensamento estratégico referido é dado por líderes das empresas jornalísticas globais ao investigador Nic Newman, condensado em «2022 Jornalismo, Media e Tecnologia: Tendências e Previsões», também do Reuters Institute. De mais relevante, Newman revela que as empresas querem apostar na inteligência artificial como modo de fornecer experiências mais personalizadas e modos de produção mais eficientes, especialmente recomendações de conteúdo e automação das salas de redacção. Newman escreve também que as empresas tradicionais irão procurar criar conteúdos com celebridades e influenciadores, como também em formatos do tipo vídeo de curta duração. Conclui Newman que «muitos líderes estão mais determinados do que nunca em centrar os seus negócios no digital. Neste contexto, criar conexões e relações digitais será mais importante do que nunca. Atingir isto obriga a focar nas necessidades das audiências [...] organizadas em comunidades de interesses».

A maior parte dos relatórios globais sólidos sobre este tema não encontra dados distintos daqueles do relatório produzido pelo Reuters Institute. Por exemplo, o relatório «Consumo Internacional de *Media*», de 2021, do YouGov, uma das grandes empresas internacionais de estudos de mercado, assinala que, questionados sobre os *media* usados, a maioria dos respondentes, na maior parte dos mercados, disse que usaram um motor de busca, entraram numa plataforma digital social ou viram vídeo *online*. Acrescentam os relatores que «umas largas proporções dos respondentes disseram também que comunicam por serviços de mensagens, vêem conteúdo de plataformas de *streaming* ou vêem televisão nos seus telefones». Para o YouGov, «a principal conclusão dos dados obtidos é que até as actividades digitais menos populares são agora comuns».

Do mesmo modo, os relatórios partilhados em Portugal, pelas entidades com maior conhecimento sobre o tema, como são a Entidade Reguladora da Comunicação, a Marktest e o Obercom, acabam por atingir as conclusões já enunciadas neste texto.

Na verdade, os únicos documentos de pesquisa que nos podem proporcionar mais alguma visibilidade são aqueles que procuram arrancar dados e encontrar padrões apenas no caótico, multidimensional e quase infinito território digital. Talvez o mais detalhado seja o relatório «Visão Geral do Digital Global», produzido em conjunto pela We Are Social, uma agência de comunicação dedicada ao digital, e por algumas das entidades especializadas em análise de dados, como são a Statista, a GSMA e a SemRush.

Na edição de 2022, o relatório permite uma visão detalhada do envolvimento da humanidade com os mais diversos locais digitais, mas revela também o papel dos *media* clássicos e das notícias jornalísticas naquele. O relatório assinala, para começar, que 5 mil milhões de pessoas, 62% da população humana, são utilizadores das plataformas digitais, e 4,62 mil milhões de pessoas, 58,4% da população humana, dos *media* sociais. O crescimento de utilizadores de *media* sociais foi especialmente alto em 2021, mais 10% do que no ano anterior, e, a cada segundo, 13 pessoas entram nestes meios.

Os membros da amostra do relatório, com idades entre os 16 e os 64 anos, em média, gastam 6 horas e 58 minutos no ambiente digital, 2 horas e 27 minutos nos *media* sociais, 2 horas a ler notícias em ambiente digital, mas também em *media* impressos, e 4 horas e 48 minutos a utilizar os seus telemóveis. Quando questionados sobre o objectivo de utilização do digital, a maioria dos membros (61%) diz que o faz para encontrar informação, e 92% diz que utiliza o telemóvel para o fazer. No entanto, as paragens onde os membros procuram informação está longe de ser a clássica. Assim, 95,6% procura informação em *chats* e serviços de mensagens, 95,2% nos *media* sociais, 83,6% nos motores de busca, e só 42,3% em sítios de notícias. As plataformas mais usadas pelos membros da amostra são o Google, o YouTube e o Facebook, e na lista dos vinte mais procurados não aparece um único meio clássico.

Já na análise dedicada apenas aos meios sociais, o relatório destaca que estes ocupam 35% do tempo total que os membros passam em rede digital. A razão principal para a maioria dos inquiridos (47,6%) o fazer é conectar-se com os amigos, enquanto ler notícias aparece em terceiro lugar, sendo importante para 35,1% dos inquiridos. Os locais onde a amostra procura notícias são o Facebook, o YouTube e o WhatsApp, e na lista dos vinte mais procurados aparece apenas o Reddit, uma plataforma digital de origem, agregadora de conteúdos, sendo alguns notícias. As contas, ou páginas, mais seguidas pelos inquiridos nos meios sociais são as de amigos (45,5%), celebridades (29,9%), influenciadores (22,6%), e as empresas de *media* tradicionais recebem apenas o acesso e uso de 17,5%.

A análise por plataforma social é ainda mais clara. No Facebook, na lista dos vinte mais procurados, aparece apenas um meio clássico, o China Daily, em 15.º lugar, no YouTube, a categoria «notícias ao vivo» surge em 19.º lugar, no Instagram, a National Geographic aparece em 13.º lugar, no Twitter, apenas a CNN Breaking News, no 15.º lugar, e, no TikTok, nenhuma tradicional tem assento nos vinte de topo. A única excepção é o LinkedIn, em que a Forbes ocupa o 5.º lugar, a Harvard Business Review, o 10.º lugar, o *The Economist*, o 12.º lugar, e, a BBC News, o 20.º lugar.

Já na categoria de consumo por telemóvel, a maior fatia da amostra (43%) diz que o faz por razões de comunicação e sociais, procurando, em primeiro lugar, o Facebook e o WhatsApp.

Uma categoria final do relatório que é fundamental para a minha investigação é a do consumo pago em ambiente e em produtos digitais. Assim, o relatório diz que a amostra gastou 293 mil milhões de dólares em *downloads* e subscrições. Este consumo foi feito, por ordem de valor, em jogos, vídeos, edição digital, que inclui materiais educacionais, e música. No plano mais granular da compra por conteúdo, o relatório partilha que 31,8% da amostra comprou filmes, 24,1% comprou música e 11,6% comprou notícias, sem especificar que meio subscreveu.

Outro estudo global a ter em conta é o da GWI, uma empresa dedicada ao estudo das audiências globais, especialmente nas plataformas sociais. Na edição de 2021 do seu relatório, dedicado às plataformas digitais sociais, a GWI parte de uma amostra geograficamente global de 700 mil pessoas, entre os 16 e os 64 anos. O primeiro dado relevante é que a permanência dos utilizadores nas plataformas aumentou em 32 dos 47 países que a GWI monitoriza, sendo o tempo médio global de uso 3 horas e 36 minutos diários por utilizador. O segundo dado de interesse apurado pelo estudo é que, globalmente, a razão principal de acesso e permanência é de «estar em contacto com os amigos e a família», estando a leitura de notícias apenas na quinta posição. Aliás, a GWI não se fica por aqui no capítulo do consumo de notícias, revelando que o seu painel prefere o acesso a notícias através das plataformas sociais, e de plataformas que «talham» o conteúdo conforme os seus interesses, como é o caso da App Topics, ou mesmo, em larga percentagem, a partir dos seus influenciadores favoritos.

Curiosamente, para todas as gerações, o Facebook é a plataforma mais usada, seguida pelo Instagram. No entanto, o WhatsApp é também uma plataforma de alto consumo, globalmente.

Fornecendo dados preciosos, e que indicam um pouco os caminhos que a revolução já referida segue neste momento e poderá seguir no futuro, os relatórios aqui recortados não permitem visibilidade sobre outras questões igualmente decisivas, das quais abordarei apenas três.

A primeira é o extremo abismo operacional entre as entidades tradicionais de *media*, mesmo quando criam plataformas digitais, e as plataformas de busca, sociais e agregadoras. De entre os inúmeros estudos produzidos sobre o tema nos tempos mais recentes, é particularmente pertinente aquele realizado, em 2018, pelo Joint Research Center da Comissão Europeia, com o título «A Transformação Digital dos *Media* de Notícias e o Crescimento da Desinformação e das Notícias Falsas». Referindo-se às plataformas nativas digitais de notícias, os investigadores anotam que «uma característica marcante destas plataformas é a da separação entre o papel do produtor de notícias, o editor, e o do distribuidor de notícias, o curador. Os editores garantem o controlo sobre o conteúdo dos artigos, mas perdem-no durante a curadoria ou selecção de artigos que efectivamente chegam aos leitores potenciais». Este processo é conduzido, aponta o relatório, por plataformas guiadas por algoritmos que misturam artigos de diversas publicações e os classificam numa ordem determinada pela popularidade, frequentemente, com o objectivo de maximizar o tráfego e as receitas publicitárias.

Assim, acrescentam, «o que os leitores vêem não depende apenas das suas fontes de notícias preferidas, mas também das preferidas dos seus amigos e das suas redes». Como consequência, identifica o relatório, a distribuição digital por algoritmo mancha os esforços de promoção de marca dos editores de jornais e enfraquece a sua relação de confiança com os leitores, ao mesmo tempo que falsos produtores de notícias podem manipular deliberadamente as características dos *media* sociais e dos algoritmos de ordem para ganharem consumidores. Na análise dos autores do relatório, «não é tanto a mudança da distribuição *offline* para a distribuição *online* que levanta preocupações de qualidade das notícias, mas a mudança do acesso directo aos jornais para o acesso indirecto da distribuição guiada por algoritmos».

Outra questão decisiva é a que cruza o espaço quase ilimitado para conteúdos que as plataformas digitais de diversa natureza proporcionam com a qualidade dos dados e da informação nelas partilhada. Quando falamos de plataformas digitais, temos de ter em conta as dominantes, segundo os relatórios citados neste texto, que permitem a execução de projectos informativos nativos, mas também outras, de menor dimensão e alcance, como a Medium ou a Substack, para citar apenas duas, que garantem a infra-estrutura, o desenho gráfico e o espaço para a colocação de quase todo o tipo de conteúdo, incluindo o de dados e de informação, e ainda a utilização cruzada de todas elas, a chamada estratégia multiplataforma. As plataformas mencionadas permitem a identificação e a descoberta de conteúdos de enorme qualidade no que toca a dados e a informação, neste último caso, informação que obedece ao conceito de Fioridi, a que de outro modo nunca teríamos acesso.

Todavia, simultaneamente, uma perversão permanente da hipótese de Brand, «a informação quase que quer ser livre», leva a que conteúdos manipulados, orientados politicamente, servidores de interesses particulares e intrinsecamente falsos ocupem o espaço mediático digital. De entre os vários casos surgidos na última década, um particularmente interessante, e estudado intensamente devido à sua gravidade, é o QAnon. No essencial, os seguidores deste movimento político norte-americano de extrema-direita, liderado por um anónimo que assina «Q», acreditam que existe uma conspiração de satânicos abusadores sexuais de menores, membros do governo federal, empresários, políticos democratas e outros, empenhados em destruir o poder político do ex-presidente Donald Trump. O que é interessante no fenómeno QAnon para a minha investigação é que todo o movimento foi criado e alimentado no ambiente digital, começando com uma primeira postagem no *website* anónimo 4chan, em Outubro de 2017, prosseguindo no *website* 8chan e, a partir daqui, espalhando-se por centenas de plataformas digitais, ganhando o estatuto de viral.

Como assinala o relatório da Comissão Europeia já citado neste texto, «estudos sobre o consumo indirecto de notícias em *media* sociais como o Facebook e o Twitter descobriram que notícias falsas difundem-se mais rapidamente e de modo mais abrangente do que notícias verdadeiras. O conteúdo informativo novo das notícias falsas atrai a atenção humana e é um condutor essencial da difusão». Assim, o problema que se coloca, e que ainda não teve um esboço de solução por parte de proprietários de plataformas, de peritos e de legisladores, é que, com excepção de conteúdos gritantemente violentos, de incitamento ao ódio, discriminatórios e de violação da lei, neste momento, no ambiente digital, a plataforma de colocação de conteúdo, as centenas de plataformas com esta natureza, e o conteúdo são livres e abertos a qualquer um.

Num artigo publicado em Maio de 2021, o *The Economist*, seguindo o trilho de vários estudos recentes, dá o devido contexto a esta questão, enquadrando-a naquilo que recentemente se chama a «economia de criador», ou seja, conteúdos de entretenimento e de informação, estes últimos, num volume mais limitado, colocados em plataformas digitais por entidades individuais ou colectivas sem ligação a *media* tradicionais ou empresas com passado e activas de modo sólido no mercado. A publicação inglesa aponta que a natureza ilimitada, a distribuição livre e a capacidade de pesquisa da Internet tornaram possível que esta produção — vídeos, música, piadas e todo o tipo de coisas que desafiam uma classificação — encontre uma audiência, mesmo que de nicho.

Embora a esmagadora maioria dos criadores não consiga obter nenhuma remuneração sustentável, como escreve o *The Economist*, «a maior parte dos criadores não recebe qualquer recompensa para além da emoção de receber gostos», isso não os impede de continuar a criar e a publicar. Tal acontece, porque, por um lado, as empresas com espaço para conteúdos, agora chamadas «agregadoras», começam a tentar encontrar modelos remuneratórios mais justos para os criadores, já que estes geram negócio para as plataformas, por outro lado, porque o valor mudou de companhias que controlam a distribuição de recursos escassos para aquelas que controlam a procura de recursos abundantes. Assim, os «criadores», uma faixa dos quais dedicados a conteúdos informativos, encontrarão cada vez mais espaço para publicar, assinala o *The Economist*, porque «dado que as plataformas lutam pelo conteúdo mais popular, o poder de negociação está a ser transferido para as pessoas que o criam».

A questão é, então, a inexistência, salvo os limites já aqui nomeados, de controlo ou mediação dos conteúdos, de um modo geral, e no campo dos dados e da informação, o que investigo. Com a fixação em plataforma e com a distribuição assegurada, qualquer entidade em acção de produção e partilha de conteúdo informativo pode tornar-se decisiva ou dominante para uma comunidade, de limitada a vasta, mesmo que o seu produto não sejam dados estruturados ou informação, segundo o conceito de Fioridi, ou seja, não tenha veracidade ou rigor. A derradeira questão decisiva, porventura, a mais decisiva, de entre as que tenho capacidade de trabalhar nesta investigação, é sobre a natureza e o lugar digital das entidades que irão dominar os dados e a informação, aqui, mais uma vez, entendida a partir do conceito de Fioridi.

É uma questão que nos obriga a levantar vários ângulos de análise. O ângulo inicial é separarmos as entidades que trabalham dados e informação com objectivo de partilha pública e generalizada e as entidades que o fazem com conteúdo específico, maioritariamente, dados e grandes volumes de dados, ou informação sectorial, e fins puramente comerciais. É uma distinção que, por enquanto, ainda faz algum sentido, embora existam já alguns modelos híbridos, cuja quantidade certamente irá aumentar no futuro próximo.

No que diz respeito à primeira tipologia de entidades, a que dedico a minha investigação, um segundo ângulo a considerar é o da sobrevivência dos *media* clássicos, em papel, som e imagem e som. O inventário caleidoscópico de estudos existente, do qual alguns exemplos foram recortados para este texto, caminham todos na mesma direcção, que é o da redução drástica do número de consumidores dos *media* clássicos. Ainda que os mais poderosos deles tentem, a todo o segundo, acompanhar as tendências dominantes do momento — assegurando uma presença digital permanente e massiva e recorrendo aos formatos de conteúdo populares, do vídeo curto ao *podcast*, passando pelas *newsletters* personalizadas —, os resultados, no geral, nos indicadores de manutenção ou crescimento de consumidores, estão longe de ser brilhantes. A hipótese mais sólida, referem os estudos e os peritos, é que os *media* clássicos reduzam cada vez mais o seu produto físico, aumentem o seu conteúdo e visibilidade digital, e se resignem a ocupar um lugar de nicho, embora no caso de algumas entidades esse nicho seja nacional ou global.

O ângulo central que merece, com toda a justiça, observação é, como escrevi, o da natureza e lugar digital das entidades que produzem e partilham, e irão produzir e partilhar no futuro próximo, dados e informação. Se dissecarmos com detalhe os produtores e distribuidores que hoje nos inundam com dados e informação, temos *i)* os criadores que ocupam os espaços das grandes plataformas, como os do YouTube, do Facebook, do Instagram e do TikTok, entre outros, *ii)* os autores de plataformas menores, mas com muita popularidade, de que são exemplo o Medium e o Substack, e *iii)* os produtores multiplataforma.

Temos ainda entidades com lugar digital próprio, pelo menos central na sua estratégia, e com uma natureza totalmente original e singular, das quais talvez o Bellingcat seja o melhor exemplo. Originário do Reino Unido, mas actualmente sediado na Holanda devido ao Brexit, o Bellingcat foi fundado em Julho de 2014 pelo jornalista e blogueiro inglês Eliot Higgins. A entidade tem publicado exclusivamente informação de extrema relevância para uma audiência global, desde o uso de armas proibidas na Síria, passando pelo abatimento do avião 17 da Malaysia Airlines, ou pela tentativa de homicídio do agente de informações russo Sergei Skripal, residente em Inglaterra. O que é curioso na entidade Bellingcat é que esta se assume como um colectivo de jornalismo de investigação e de verificação de factos. No entanto, se estudarmos a sua natureza e modo de operação, encontramos as referidas características originais. Antes do mais, o Bellingcat trabalha com recurso a jornalistas profissionais, mas também com todos aqueles que possuem informação, a que chama jornalistas cidadãos. Depois, uma larga parte do conteúdo da entidade é obtida através de informações de fonte aberta, recolhidas no ambiente digital, e, especialmente, dados armazenados em bases, imagens de satélite, conteúdo de comunicações em serviços de mensagens, *chats*, redes sociais e outros.

Como escreve Eliot Higgins no seu livro *We are Bellingcat: An Intelligence Agency for the People*, «sem o querer, a humanidade mostra para o olhar público a mais reveladora conta de si própria que o mundo alguma vez conheceu. Os inocentes não perceberam quanto estavam a fornecer. E os culpados também não». Higgins revela que foi esta abundância de dados e informação em ambiente digital que o levou a ter «uma epifania. Se pesquisar *online*, consegue descobrir factos que nem a imprensa nem os peritos conhecem. [...] uma comunidade *online* juntou-se, convergindo à volta de notícias, das quais existiam pistas no YouTube, Facebook, Twitter e outros. À medida que os nossos esforços progrediam, ganhamos sofisticação [...] construindo um novo caminho, o que conecta o jornalismo com a defesa dos direitos humanos e a investigação criminal».

Higgins define assim a natureza da sua entidade: «somos um colectivo digital que investiga crimes de guerra e luta contra a desinformação [...]. Não temos agenda, mas temos uma crença: as provas existem, a falsidade existe, e isto ainda é importante para as pessoas».

No futuro próximo, há uma hipótese sólida de os detentores de informação com relevância pública, e com objectivo de a partilhar, continuarem a operar em ambiente digital, ainda que da forma atomizada com que o fazem até agora, disputando audiência e receitas, por patrocínio, subscrição ou publicidade, a ferro e fogo. Mas talvez o ambiente digital, e a tecnologia existente, encaminhem cada vez mais os produtores de dados e de informação para experiências como a do Bellingcat, isto é, modos de organização e de trabalho que juntem os factos trazidos pelos dados e pelas várias tipologias de investigação, apresentados nos inúmeros formatos permitidos pela tecnologia, da infografia ao vídeo animado.

A possibilidade de entidades de natureza original passarem a dominar a informação de interesse público leva-nos ao último ângulo que deve ser observado, o lugar do jornalismo. De facto, nos estudos existentes impera, por vezes, a mistura entre empresas de *media* clássicas e o exercício do jornalismo, ou seja, de dimensões interligadas, mas completamente distintas. O jornalismo é um modo de revelar, através da investigação, e de partilhar, através de técnicas narrativas específicas, factos que interessam aos cidadãos, segundo um código ético e deontológico. O jornalismo não é, de modo nenhum, a prática exclusiva para partilha de informação relevante, o conhecimento científico e técnico também o faz, embora, efectivamente, tenha um foco, uma metodologia e uma ética únicas. O facto de novas entidades produtoras de informação credível e de interesse público empregarem práticas, metodologias e seguirem um código ético alternativos ao do jornalismo é uma das grandes questões que domina e vai dominar o espaço dos *media* na próxima década. O que significa que está a agitar e vai agitar a posse e controlo dos dados e da informação neste vasto campo global.

Se pesarmos o conhecimento transportado para este texto, observamos que espaço para novas entidades e para novos modos de partilhar informação credível de interesse público são possíveis. A existência de recursos, ainda pouco explorados para fins de informação de interesse público, como os dados e os grandes volumes de dados podem tornar dispensável um dos eixos do jornalismo, que é a recolha junto de informadores e dos habituais organismos públicos e privados fornecedores de informação.

A introdução de metodologias de análise de informação e construção de texto baseadas no algoritmo e na inteligência artificial, especialmente no *machine learning*, podem alterar a organização de recursos humanos de entidades e os conteúdos que partilham. Porém, o ponto determinante para que surjam entidades de partilha de dados e de informação com uma metodologia alternativa à do jornalismo é que o interminável espaço digital de alojamento de conteúdos, que tenderá sempre a crescer, está disponível gratuitamente ou a preço reduzido, permitindo a colocação permanente, a procura de públicos e a aplicação de estratégias, como a de produzir para nichos muito limitados.

O segundo campo da minha investigação sobre o controlo dos dados e da informação é, como refiro no início deste texto, o da protecção dos Estados e dos cidadãos. O devido contexto deste campo, novamente, de conceptualização recente e ainda instável é o da cibersegurança, o termo mais utilizado globalmente. Como anoto, o conteúdo do conceito continua a ser alvo de discussão, e desta dão conta Dan Craigen, Nadia Diakun-Thibault e Randy Purse, no artigo científico «Definindo Cibersegurança», publicado em Outubro de 2014 na revista *Technology Innovation Management*. Craigen, Diakun-Thibault e Purse referem que «o termo cibersegurança tem sido tema da literatura científica e popular que maioritariamente o vê de uma perspectiva particular. O termo é usado de forma alargada e as suas definições são variáveis, relacionadas com contextos específicos, frequentemente subjectivos e algumas vezes pouco informativos». Perante este estado, os investigadores fizeram a revisão da literatura científica existente e consultaram um grupo de especialistas, chegando a um conceito simultaneamente integrador e com conteúdo objectivo. Para Craigen, Diakun-Thibault e Purse «cibersegurança é a organização e reunião de recursos, processos e estruturas usados para proteger de ocorrências o ciberespaço e os sistemas habilitados a funcionar no ciberespaço [...]», ocorrências estas que podem ser ataques destrutivos ou penetração de sistemas para extracção ou conhecimento de informação.

Num outro estudo bastante citado entre os peritos do tema, «Avaliando Cibersegurança: Uma meta-análise de ameaças, tendências e respostas a ciberataques», publicado em 2015 pelo The Hague Centre for Strategic Studies, os investigadores definem as tipologias das ameaças. Para eles, estas devem ser divididas em: *i)* ataques, actos maliciosos que tentam recolher, criar disrupção, negar, degradar ou destruir recursos de sistemas de informação ou a própria informação; *ii)* incidentes, eventos de segurança que comprometem a integridade, confidencialidade ou disponibilidade de um activo de informação; *iii)* brechas, comprometimento de segurança que leva à destruição, acidental ou ilegal, perda, alteração, revelação não autorizada ou acesso a dados protegidos transmitidos, armazenados ou processados; e, finalmente, *iv)* divulgação, penetração através da qual os dados foram revelados a uma entidade não autorizada.

No artigo científico «Protecção do Ciberespaço: Visão Analítica», três dos maiores especialistas nacionais, Lino Santos, Rogério Bravo e Paulo Viegas Nunes, referem que «nos países com tradição no desenvolvimento de planos de protecção de infra-estruturas críticas, a interdependência da Internet e das TIC em geral com outros sectores particularmente críticos como a energia ou os transportes elevou a cibersegurança para um patamar de relevo na estratégia de protecção dessas infra-estruturas face ao poder disruptivo dos ciberataques. Por este mesmo motivo o próprio ciberespaço passou a ser classificado como infra-estrutura crítica, designando-se, normalmente, como infra-estrutura de informação crítica».

Revelado o contexto essencial, temos rota aberta para investigar como é exercido o domínio dos dados e da informação neste campo. Aqui situados, devemos sempre ter em conta que se informação é poder, ou seja, se a posse da informação indicada e valiosa é procurada em todos os domínios sociais e profissionais, porque permite a melhor decisão e acção, este é o campo em que esta convicção é mais sólida, porque envolve a condução dos assuntos de Estado e a protecção da sociedade. Contudo, dissecar em simultâneo protecção e procura de dados e de informação no ciberespaço, muita desta, vital para Estados, empresas e cidadãos, traz-nos, antes de tudo o mais, alguma visibilidade para a complexidade deste território, onde todas as entidades envolvidas exercem vários papéis, na maior parte das vezes em sobreposição, e onde as acções praticadas são de uma vastidão que desafia qualquer fixação conceptual, como as que foram já anotadas neste texto.

O eixo de análise fundamental deve ser exactamente o dos agentes de procura e protecção de informação no ciberespaço. Numa arrumação muito precária, precisamente, porque existem várias tipologias de agentes em acção, muitos deles de natureza e de actividade ambígua, encontramos os Estados, as empresas privadas, as entidades individuais e colectivas que defendem a revelação de toda a informação, das quais as mais conhecidas são denunciantes como Edward Snowden, Rui Pinto, numa escala nacional, colectivos como o Wikileaks, fundado por Julian Assange, ou os Anonymous, e as entidades que procuram informação ou praticam actos maliciosos com objectivos de lucro financeiro e de modo criminoso.

No que se refere ao agente Estado, num estudo precursor publicado em Junho de 2021, «Capacidades Ciber e Poder Nacional: Uma avaliação», o International Institute for Strategic Studies (IISS) propõe uma metodologia eficaz para a hierarquização dos quinze Estados mais avançados em cibersegurança. O IISS diz que a sua metodologia é mais alargada e principalmente qualitativa, analisando o ciberecossistema de cada Estado e como este se inter-relaciona com a segurança internacional, a competição económica e os assuntos militares. As categorias tidas em conta pelo IISS foram: *i)* se os Estados possuem uma estratégia e uma doutrina de cibersegurança; *ii)* se têm uma estrutura de governo, comando e controlo; *iii)* se possuem capacidade secreta de obtenção de informações no ciberespaço; *iv)* se as suas infra-estruturas públicas e privadas dependem do ambiente digital; *v)* se conseguem garantir cibersegurança; *vi)* qual a sua capacidade de liderança global em assuntos do ciberespaço; e, principalmente, *vii)* se detêm capacidades ciberofensivas. Dentro dos Estados, as acções incluídas nestas categorias são executadas principalmente pelos vários organismos secretos, pelas polícias, e pelas entidades coordenadoras de cibersegurança.

Da análise feita, o IISS dividiu os Estados em três níveis. No primeiro nível, estão apenas os Estados Unidos da América, por ser o único país com capacidade sólida em todas as categorias. No segundo nível, em que entram os Estados com capacidade sólida na maioria das categorias, estão Austrália, Canadá, China, França, Israel, Rússia e Reino Unido. No terceiro nível, que contempla os Estados com capacidade em algumas categorias, mas fraquezas significativas noutras, estão Índia, Indonésia, Irão, Japão, Malásia, Coreia do Norte e Vietname. O IISS acrescenta que «China e Rússia serão provavelmente os líderes do segundo nível. Mas, devido à sua capacidade digital-industrial nacional vasta e em crescimento, só a China está numa trajectória que lhe permite juntar-se aos Estados Unidos no primeiro nível».

Os fins com que todos estes Estados, e alguns outros, usam o seu vasto arsenal cibernético é hoje tema de enorme discussão e estudo global. Claro que o fim essencial, e provavelmente maioritário, é o da protecção dos seus domínios digitais e dos seus cidadãos, mas, em nome da segurança nacional, e graças aos recursos tecnológicos que possuem, os Estados, como provou Snowden, são capazes de exercer acções ofensivas, tanto nos seus territórios nacionais como contra as estruturas dos outros Estados.

Como apontam Roderic Broadhurst, Peter Grabosky, Mamoun Alazab e Steve Chon em «Organizações e Cibercrime: Uma análise da natureza dos grupos envolvidos em cibercrime», publicado em 2014 no *International Journal of Cyber Criminology*, «nos dias de hoje é necessária uma mente excepcionalmente fechada para negar que os Estados são também capazes de actos criminais» no ciberespaço. Os investigadores recordam que, entre outros casos sobre os quais existe informação, a Rússia executou e encorajou ataques de negação de serviço, as autoridades chinesas estão envolvidas em espionagem industrial e económica, e os Estados Unidos têm um programa massivo de cibervigilância. Os autores do estudo chamam a texto a Operação Jogos Olímpicos, o caso clássico de um ataque por parte do Estado, em que numa operação conjunta norte-americana e israelita, em 2010, foi introduzido um vírus, o Stuxnet, na estrutura nuclear iraniana, mais especificamente no sistema de gestão industrial de controlo e comunicação SCADA, o que afectou o desenvolvimento daquele tipo de armas, atrasando o processo de enriquecimento de urânio. Até hoje, os Estados Unidos e Israel negam o seu envolvimento na operação. Do mesmo modo, os investigadores nomeiam o caso da estrutura chinesa PLA Unidade 61398, baseada em Xangai e responsável pela obtenção de uma quantidade massiva de informação económica e industrial de países ocidentais.

A investigação académica mais recente indica a passagem dos Estados a um nível superior de acções ofensivas no ciberespaço, bem como o envolvimento no ecossistema criminoso digital, com o objectivo de fortalecer as suas capacidades.

No estudo «Nações-Estado, Ciberconflito e a Rede do Lucro», publicado em 2021, Michael McGuire, um dos grandes peritos na área, analisou mais de 200 incidentes ocorridos no ciberespaço entre 2019 e 2021, e entrevistou 50 especialistas das várias áreas relacionadas com o tema. Analisando a informação que obteve, McGuire aponta que «[...] podemos estar mais perto de um ciberconflito avançado como nunca desde o surgimento da Internet». Para fundamentar a sua hipótese, o académico começa por referir que as nações estão agora preparadas para dedicar tempo e recursos significativos para atingir vantagens estratégicas no ciberespaço, com a despesa em cibersegurança projectada para aumentar 11% nos Estados Unidos, 25% na China, 50% na União Europeia e mais de 200% na Rússia. McGuire refere que o fundamental são os projectos de aplicação destes orçamentos, anotando que irão servir novas tipologias de ciberataques, aquisição de explorações, bem como de técnicas e ferramentas de ataque, mostrando existir «um aumento da complexidade dos métodos das Nações-Estado para atingir os seus objectivos estratégicos».

Deste modo, escreve McGuire, os Estados estão já neste momento dispostos a chegar a um ponto muito avançado e controverso para obter supremacia no ciberespaço. O académico aponta que «a rede do lucro — isto é, as economias cibercriminosas interconectadas que existem no mundo — está a moldar o carácter do conflito das Nações-Estado no ambiente digital», já que não só muitas Nações-Estados usam as técnicas e ferramentas disponíveis na rede do lucro, como algumas «estão a recrutar cibercriminosos para agirem como representantes dos seus interesses».

Todos estes cruzamentos e alianças caóticas nos lugares sombrios do ciberespaço mostram que, anota McGuire, «muitas ferramentas criadas pelas agências nacionais de segurança acabam por ser adquiridas por cibercriminosos, como é o caso do explorador EternalBlue, criado pela Agência Nacional de Segurança dos Estados Unidos, que foi usado pelos piratas informáticos do WannaCry, em 2017, que causou um tumulto global». Sendo este o contexto, escreve o académico, estamos a viver algo inteiramente novo, criado pela «fusão de relações internacionais tradicionais com a economia do cibercrime e as técnicas e ferramentas que agora comandam o submundo digital», fazendo com que «esta inédita combinação entre política, manobras estratégicas, comércio e crime coloque desafios únicos sobre como regular o mundo digital [...]».

A investigação sólida mais recente mostra a existência de ainda outras longitudes do ciberespaço onde os Estados utilizam as suas capacidades tecnológicas. Porventura, a mais disseminada e perigosa, actualmente praticada por Estados, mas também por inúmeras outras entidades colectivas e singulares, é a desinformação em ambiente digital.

Num estudo da OCDE de 2022 «Desembaraçando as Não Verdades *Online*: Criadores, propagadores e como detê-los», os autores Lesher, Pawelec e Desai começam por definir conceptualmente as tipologias de conteúdos falsos em ambiente digital. Para eles, «a desinformação refere-se a informação comprovadamente falsa ou enganosa que é intencional e conscientemente criada e partilhada para lucro económico ou para enganar, manipular ou infligir danos a uma pessoa, grupo social, organização ou país». Ao lado, a má informação tem que ver com «informação falsa ou enganosa que é partilhada inconscientemente e não se destina a enganar, manipular ou infligir danos deliberadamente a uma pessoa, grupo social, organização ou país». Finalmente, «o engano contextual refere-se à utilização de informação verdadeira, mas não necessariamente relacionada para enquadrar um evento, questão ou indivíduo (por exemplo, uma manchete que não corresponde ao artigo com que se relaciona), ou a deturpação de factos para apoiar a narrativa (por exemplo, apagar deliberadamente informação que é essencial para compreender o significado original). Embora os factos utilizados sejam verdadeiros (ao contrário da desinformação) e não-fabricados (ao contrário da má informação), a forma como são utilizados é desonesta e com a intenção de manipular as pessoas ou causar danos».

Os investigadores tentam obter uma dimensão quantitativa global do fenómeno, referindo que uma sondagem do CIGI-IPSOS, que envolveu 25 000 inquiridos em mais de 25 economias, descobriu que 86% das pessoas em todo o mundo relataram ter sido expostas a notícias falsas, e 86% destas acreditaram inicialmente nas notícias falsas pelo menos uma vez. Como a desinformação se baseia geralmente em conteúdos altamente emocionais, que provocam choque ou raiva, essas falsas notícias nos meios de comunicação social chamam mais atenção.

Adicionalmente, referem que, num inquérito do Eurobarómetro, 37% dos inquiridos da UE relataram que foram expostos a notícias falsas todos os dias ou quase todos os dias, enquanto quatro em cada cinco inquiridos indicaram que foram expostos pelo menos várias vezes por mês.

Além disso, 85% consideravam as notícias falsas como um problema no seu país.

Não obstante, os dados mais perturbadores do estudo são aqueles que os investigadores recolheram junto dos seus pares do Oxford Internet Institute, um departamento da universidade inglesa com o mesmo nome. Estes últimos têm vindo a monitorizar governos e actores de partidos políticos envolvidos na manipulação da opinião pública nos meios de comunicação social anualmente, entre 2015 e 2020, e, em 2020, encontraram provas da utilização de meios de comunicação social para desinformação e propaganda política em 81 países, ao passo que em 2019 eram 70.

Os investigadores de Oxford observam que, apesar de quase todos os países dependerem de contas geridas por seres humanos, os *bots* automáticos foram também utilizados em 57 países, bem como «mais de 65 empresas de influência», que prestam serviços de comunicação política a Estados, espalharam as suas actividades em 25 países, em 2019, número que aumentou para 48, em 2020.

Também no fim de 2021, o Aspen Institute, uma entidade norte-americana de reflexão e debate, publicou aquilo que chama o seu relatório final sobre «A Desordem da Informação». Os autores do relatório defendem que «desinformação e a má informação não são as causas fundamentais dos males da sociedade, mas antes um sinal das falhas da sociedade para ultrapassar problemas sistémicos, como a desigualdade de rendimentos, o racismo e a corrupção, que podem ser exploradas para promover informações falsas no ambiente digital». Acrescentam os autores que a desinformação e a má informação não existem no vácuo. A propagação de narrativas falsas e enganosas, o incitamento à divisão e ao ódio e a erosão da confiança têm uma longa história, com empresas, Estados e técnicas de persuasão política utilizadas para manter poder e lucro, criar danos e/ou avançar política ou ideologicamente. Um dos pontos centrais defendidos no relatório do Aspen Institute é que «abordar a desordem da informação é confrontar a realidade de que a "desinformação" e as campanhas de informação dos maus actores não criam magicamente fanatismo, misoginia, racismo, ou intolerância — em vez disso, tais esforços são frequentemente sobre dar aos leitores e consumidores permissão para acreditarem em coisas em que já estavam predispostos a acreditar. Existe uma "procura" de desinformação».

Outro facto essencial partilhado pelos autores é que «um pequeno número de pessoas e/ou organizações, conhecidos por *superspreaders*, são responsáveis por uma vasta proporção de desinformação, através da exploração das dinâmicas existentes dentro de uma plataforma em linha — tais como a utilização de *bots* para promover os seus conteúdos ou a divulgação de um *clickbait* hiperpartidário para atrair seguidores».

Escrevem os investigadores que «em alguns casos, os proprietários e operadores destas contas são figuras políticas cujo conteúdo tem sido tratado como de interesse público e não sujeito às políticas de moderação de conteúdo existentes. De facto, relatórios de investigação recentes revelam que alguns dos propagadores mais virulentos da falsidade são aqueles com maior perfil, e mantidos a um nível de responsabilidade mais baixo do que outros».

Em «Armas de Distracção Maciça: Desinformação patrocinada pelos Estados na era digital», um estudo publicado em 2019 por Christina Nemr e William Gangware, da empresa privada Park Advisors, é possível aceder a informação sobre as operações estatais mais sofisticadas em ambiente digital. Nemr e Gangware começam por escrever que «[...] os gigantes tecnológicos [...] causaram uma "disrupção no mundo"» e também «[...] em outro negócio, mais insidioso, o da desinformação e propaganda». Para o duo investigador, a proliferação de plataformas de *media* sociais democratizou a disseminação e consumo de informação, criando, assim, uma erosão nas hierarquias tradicionais de *media* e eliminando reivindicações de autoridade. Assim, escreve o duo, o ambiente está maduro para exploração e, hoje, Estados e indivíduos podem facilmente espalhar desinformação, o acto de conscientemente partilhar informação incorrecta ou falsa, à velocidade da luz e com potencial impacto sério.

Começando a detalhar o seu percurso de investigação, o duo refere que há vulnerabilidades significativas no ecossistema de informação que agentes patrocinados pelos Estados podem explorar, e estas giram à volta de três elementos primários interconectados. Estes são, referem, *i)* o *medium*, a plataforma onde a informação é colocada; *ii)* a mensagem, conteúdo fornecido através de desinformação, e, *iii)* a audiência, consumidores da referida informação, não esquecendo que plataformas noticiosas e de *media* sociais são desenhadas para levar informação a audiências de massas e optimizadas para conteúdo viral, através de algoritmos, aplicados em SEO e outras ferramentas.

Nemr e Gangware indicam que «as mensagens de desinformação vão de meias-verdades preconceituosas a teorias da conspiração e a mentiras totais. O objectivo é o de manipular a opinião pública para mudanças de orientação política, inibição de acção política, e criação de divisões políticas». Coincidindo com outros estudos, o duo refere que, infelizmente, as emoções mais úteis para criar as condições referidas — incerteza, medo e raiva — são as que aumentam a probabilidade de uma mensagem se tornar viral, acrescentando que mesmo quando a desinformação aparece pela primeira vez em *websites* de periferia, a acção coordenada de massas que retira vantagem dos modelos de negócios das plataformas assegura uma penetração de maiores audiências. Segundo a pesquisa validada, referem os investigadores, «em média, uma história falsa atinge 1500 pessoas seis vezes mais rapidamente do que uma história factual».

Os investigadores partilham que a desinformação praticada por alguns Estados atinge um grau elevado de sofisticação devido à tecnologia ao seu dispor. Assim, descrevem, a desinformação pode incluir material autêntico usado propositadamente num contexto errado para criar uma falsa conexão, como por exemplo uma fotografia verdadeira mostrada numa captação falsa. Pode tomar a forma de um *website* de notícias falsas construído à semelhança de um verdadeiro. Pode ainda tomar a forma de imagem e vídeo manipulado. Um primeiro exemplo que os investigadores apresentam é o da interferência do Estado russo nas eleições presidenciais norte-americanas de 2016, que, segundo aqueles, envolveu milhares de operativos e *bots* que criaram um milhão de *tweets*, centenas de milhares de postagens no Facebook e no Instagram e mil vídeos no YouTube, que geraram 288 milhões de visualizações e atingiram 126 milhões de contas de *media* sociais de norte-americanos. Um segundo exemplo referenciado pelo duo é o da campanha desencadeada por agentes chineses no LinkedIn, com a criação de perfis nesta rede para conexão com académicos e homens de negócios ocidentais, tendo como objectivo levar estes últimos a fornecer informação a troco de dinheiro.

A segunda tipologia de agentes é a das entidades privadas, com a capacidade e o objectivo de realizar negócio com a informação do e no ciberespaço. Como assinala Ronald J. Deibert, um dos grandes especialistas desta área, no seu livro *Reset — Recuperando a Internet para a Sociedade Civil*, o que começou «com uma coisa tão simples como um computador pessoal conectado via um protocolo comum, transformou-se numa operação de sucção de dados sempre ligada e omnipresente levada a cabo por gigantescas plataformas empresariais [...]», realizando «operações que implicam uma rede global de quintas de dados gigantes». Continuando a sua análise da natureza destas entidades privadas, Deibert escreve que este «ecossistema gerou uma variedade de espécies invasivas desconcertantes que se desenvolvem alimentando-se de conjuntos de dados em contínua expansão, como são os programadores de *apps*, os mediadores de dados, os peritos em localização, as empresas de fusão de dados, as *start-ups* de inteligência artificial e as empresas privadas de informação secreta».

A multiplicidade de fins com que os dados e a informação podem ser trabalhados criou milhares de entidades privadas cuja natureza é de difícil classificação. Para darmos conta apenas de algumas das entidades privadas sobre as quais existe informação sólida, o que contraria violentamente os seus objectivos, temos hoje, em acções globais, empresas como o grupo israelita NSO, proprietário do programa tecnológico Pegasus, com capacidade para exercer uma vigilância total de todas as comunicações, interacções e conteúdos de um telemóvel, que tem sido utilizado por governos de todo o mundo. Temos, igualmente, a empresa americana Palantir, especializada em análise de grandes volumes de dados, proprietária de três programas, Gotham, Apollo e Foundry, usados por governos e empresas privadas para detecção de padrões e de comportamentos, em áreas que vão da contra-espionagem ao conhecimento de mercado. Existem também, claro, empresas como a Cambridge Analytica, que se assumia como uma consultora política com actividade em todo o mundo. A empresa foi alvo de uma investigação judicial em 2018, que descobriu acesso ilegal por parte desta a dados pessoais de 87 milhões de utilizadores do Facebook, com o objectivo de utilizar o conhecimento extraído desses dados para a definição da estratégia política dos seus clientes, especialmente em eleições nacionais nos Estados Unidos e no Reino Unido. A empresa foi encerrada, ainda em 2018, em consequência da investigação judicial.

A terceira entidade de agentes com enorme presença no ciberespaço é a dos denunciantes individuais e colectivos, responsáveis, na última década, pela partilha pública de milhares de documentos secretos de Estados e de empresas, maioritariamente ocidentais, mas também de indivíduos poderosos, na sua esmagadora maioria, reveladores de metodologias ilegais de vigilância de cidadãos e populações, acções encobertas de guerras e de conflitos, e obtenção e ocultação de quantias financeiras. São agentes de natureza e ideário complexos, muito pouco cooperantes na partilha do que os motiva, daí ser limitada a informação sólida sobre estes. Talvez um começo para os entender seja a proposta do antropólogo Arjun Appadurai, feita no seu livro «Medo dos Números Pequenos», publicado em 2006, e assente numa visão do mundo contemporâneo como um território de confronto entre estruturas vertebradas e estruturas celulares. Appadurai define entidades vertebradas como aquelas inseridas no «sistema moderno de Estados-nação [...]» assente «na aceitação implícita de uma ordem internacional, garantida por uma variedade de normas [...] e por um largo corpo de protocolos, instituições, tratados e acordos que se destinam a garantir que todas as nações operam com princípios simétricos em relação à conduta de uns para com os outros [...]». Do outro lado, para o antropólogo, estão as estruturas celulares, totalmente localizadas nos vários nós e fluxos, alguns sombrios, do ecossistema digital «conectadas, mas não geridas verticalmente, coordenadas, mas notavelmente independentes, capazes de replicação sem intervenção de estruturas centrais, nebulosas nas suas características organizacionais centrais, no entanto, claríssimas nas suas estratégias e efeitos celulares [...]».

O trilho proposto por Appadurai tem sido aprofundado por vários académicos, para várias dimensões de estudo. Uma delas é exactamente a do ideário das entidades individuais e colectivas que na última década revelaram informação secreta.

Andy Robinson e Athina Karatzogianni são dois dos académicos que se dedicaram ao tema no artigo científico «Prometeu Digital: Wikileaks, a dicotomia Estado-Rede e as antinomias da razão académica», publicado em 2012. Robinson e Karatzogianni defendem que o «caso Wikileaks teve efeitos massivos de rotura em aspectos do sistema político global. Um pequeno *website*, baseado num movimento, infligiu uma tremenda derrota informacional à última superpotência do mundo, revelando o possível surgimento de um contrapoder global em rede [...] criando possivelmente o conflito Estado-Rede como a nova bipolaridade dos grandes poderes».

Procurando também decifrar a natureza das entidades individuais e colectivas que investigamos, Micah L. Sifry, no seu livro *Wikileaks e a Era da Transparência*, publicado em 2011, refere que «a era da transparência chegou, não porque o Wikileaks existe, mas porque o conhecimento para construir e manter estas redes está agora espalhado». Sifry defende, no livro citado, que Snowden, Rui Pinto, Wikileaks e Assange, Anonymous e outros denunciantes fazem parte de um largo contínuo de mudanças relacionadas com o modo como as pessoas e os poderosos se relacionam entre si, já que «o poder de espalhar informação para além do controlo central é a nossa melhor defesa contra a opacidade [...]».

Castells, já citado neste texto, vê estas entidades individuais e colectivas antes do mais como uma confirmação da sua proposta teórica de que no mundo contemporâneo «o poder está no controlo da comunicação». Castells defende que «muito mais do que o jornalismo tradicional», as entidades que refiro têm uma capacidade que «escapa ao aparato do poder», e que o ponto essencial é o de que «os cidadãos têm o direito de saber o que os seus governos fazem e pensam». Assim, o caso Wikileaks é uma instância de ciberguerra entre Estados e a sociedade civil, mas também, tal como mostra o que Snowden e outros fizeram, «uma insurreição massiva contra a informação secreta». Para o académico, a reacção legal violenta contra Snowden, Assange, Pinto e outros só acontece porque «ataca o coração do poder contemporâneo: controlo sobre a informação».

Edward Snowden, no seu livro, já aqui referenciado, dá-nos algumas escassas pistas sobre o seu ideário, e, porventura, também o dos seus pares. Escreve ele que «se a vigilância massiva era uma presença constante na vida quotidiana, então eu queria que os perigos que representa, e os estragos que já fez, fossem também uma presença constante. Queria, através das minhas revelações à imprensa, tornar este sistema conhecido, fazer que a sua existência fosse um facto que o meu país, e o mundo, não pudessem ignorar».

No livro *Wikileaks — dentro da guerra contra o segredo de Julian Assange*, os autores, David Leigh e Luke Harding, caracterizam o mentor da plataforma de revelação de segredos estatais como um pirata informático que vivia numa casa de estudantes superlotada em Melbourne, sonhando com um esquema para uma insurgência idealista de informação, que acabou por se tornar na, por todo o mundo, celebrada — e detestada — Wikileaks.

Há uma última característica destas entidades individuais e colectivas que não deve ser ignorada. Em 1962, Vasily Mitrokhin, arquivista do KGB, na altura o serviço secreto soviético, começou a escrever à mão notas com informações retiradas do arquivo, que era físico, em papel, e não digital. Durante trinta anos, até escapar para o Reino Unido, em 1992, com essas notas consigo, Mitrokhin retirou diariamente informação do arquivo, que, analisadas durante anos pelos serviços britânicos, revelaram ser as mais preciosas sobre a URSS e a capacidade do KGB. No mundo contemporâneo, como eles próprios contam, e os peritos descrevem, Snowden, Assange e os seus pares levam minutos, por vezes segundos, a retirar a informação dos nós e fluxos digitais onde está guardada ou onde circula. Ou seja, é, por um lado, a realidade de toda a informação estar no ecossistema digital, e, por outro lado, os denunciantes terem capacidade técnica para a retirar, armazenar e distribuir que sustenta o poder destas entidades e da aplicação das suas convicções.

A derradeira tipologia de entidades envolvidas na extracção ou destruição de informação no ciberespaço para a obtenção directa de valores financeiros, as criminosas, é aparentemente a mais simples de definir. A Comissão Europeia entende que «o cibercrime consiste na prática de actos criminais em ambiente digital, fazendo uso de comunicações electrónicas e sistemas de informação». Acrescenta a Comissão Europeia que estes actos criminosos em ambiente digital são um assunto sem fronteiras, que abrange crimes específicos da Internet, como o ataque a sistema de informação ou a prática de *phishing*, a falsificação e a fraude *online*, como o roubo de identidade, e o conteúdo digital ilegal, como o caso da pornografia infantil ou o incitamento ao racismo, terrorismo e violência.

No entanto, como apontam Roderic Broadhurst, Peter Grabosky, Mamoun Alazab e Steve Chon, na análise já citada neste texto, «o estudo da actividade cibercriminal organizada está na sua infância», além de que as discussões sobre o cibercrime estão contaminadas por estereótipos. Segundo os investigadores, «enquanto a maior parte do cibercrime organizado de hoje é feito por técnicos que aplicam o seu conhecimento em actividades criminosas, há também grupos de crime convencional que começam a adquirir tecnologia digital com objectivos criminosos».

Tentando dissecar ao nível granular as entidades de cibercrime, os autores alertam que, enquanto muitas tipologias de cibercrime exigem um grau elevado de organização e especialização, é insuficiente a evidência empírica para garantir que o cibercrime é agora dominado pelo crime organizado, já que a tecnologia digital deu poder aos indivíduos como nunca antes, e, por exemplo, adolescentes agindo de modo solitário conseguiram parar sistemas de controlo de tráfego aéreo ou manipular bolsas de valores.

Recordando que a Internet e as tecnologias relacionadas são ideais para coordenação através de uma área dispersa, os investigadores escrevem que «um grupo de crime organizado tanto pode ser um grupo de estrutura mafiosa tradicional que contrata profissionais de tecnologia», como «um projecto de curta-duração levado a cabo por um grupo com alvos digitais específicos», podendo ainda envolver «uma comunidade larga exclusivamente baseada no ambiente digital» ou, até, «indivíduos ligados a redes macrocriminais como os que se encontram na *net* sombria ou nos sites Tor6».

Sendo este o cenário empírico encontrado, os investigadores, revelam os próprios, acabam por adoptar a proposta de tipologias de organizações de cibercrime avançada em 2012 por Michael McGuire, já citado neste texto. O próprio McGuire afirma que a sua proposta é baseada na evidência que recolheu sobre criminosos e que pode evoluir à medida do desenvolvimento da própria tecnologia.

McGuire divide os cibercriminosos em três grandes tipologias, com várias subdivisões. A tipologia I é a dos grupos que operam essencialmente na rede, e pode ser dividida em enxames, que são organizações desorganizadas e sem liderança, operando de forma viral, muitas vezes com objectivos de luta política, e centros, que possuem uma estrutura central de comando, com várias associações periféricas. A tipologia II é a dos grupos híbridos, isto é, que operam em ambiente digital e físico, e que se dividem em nichos e alargados. Um nicho híbrido é formado por um pequeno grupo de indivíduos com métodos e objectivos específicos, enquanto um híbrido alargado de modo semelhante aos dos nichos, mas de forma muito mais descentralizada, com vários subgrupos ligados entre si. A tipologia III é formada por grupos envolvidos, maioritariamente, em crimes em ambiente físico, mas que usam a tecnologia e o ambiente digital para as suas actividades criminosas, e podem ser divididos em hierarquias e agregados. As hierarquias são formadas por grupos tradicionais de crime organizado, enquanto os agregados são grupos menos organizados, que, em busca de lucro, por vezes, actuam no ambiente digital. Os investigadores referem que todos estes grupos usam programadores, para a criação de código com objectivos criminosos, distribuidores, que vendem os dados obtidos, e técnicos, que asseguram a eficácia da infra-estrutura.

A Europol, polícia europeia, defende que as entidades criminosas no ciberespaço, sempre com o objectivo de obterem quantias financeiras, actualmente, não procuram apenas dados financeiros, mas dados em geral, que são o seu alvo principal. Assim, escreve a Europol, «a vasta gama de oportunidades que os cibercriminosos exploram é impressionante» e inclui, entre outros, *botnets*, dispositivos que transmitem vírus para os sistemas, ganhando o controlo remoto destes, *backdoors*, códigos que permitem o roubo de dinheiro através dos sistemas digitais, criação de plataformas digitais, para a venda de armas e de falsos passaportes, e, ainda, a criação de *malware*, isto é, código malicioso capaz de retirar informação dos sistemas, do qual os mais conhecidos são os cavalos de tróia e as minhocas. A polícia europeia acrescenta que as práticas mais desenvolvidas actualmente são o *ransomware*, em que o código instalado pára os sistemas, permitindo aos criminosos pedir um resgate, o *scareware*, em que os criminosos instalam um código que detecta de modo falso vírus, obtendo quantias da vítima para o remover, e, finalmente, o *spyware*, um código que é instalado para monitorizar a actividade da vítima ou das vítimas num sistema e transmitir essa informação ao cliente do criminoso.

Como é transparente pelo conhecimento trazido a texto, a cibersegurança, nas suas diversas variantes, que vão da ciberguerra ao cibercrime, passando pela cibervigilância e pela vigilância biométrica, é já, e será mais no futuro, uma área de disputa violenta, e, por vezes conflitual, pelo controlo dos dados e da informação. O que as investigações aqui reproduzidas mostram é um ecossistema do ciberespaço envolvido em permanente conflito em todos os nós de depósito, canais, fluxos e plataformas onde existem dados e informação de extremo valor. O mais surpreendente neste ambiente digital de total e elevada conflitualidade é, sem dúvida, o ponto até onde todas as entidades envolvidas estão dispostas a ir para proteger e obter os bens que consideram mais valiosos.

Encontramos Estados dispostos a empregar programas de detecção e controlo, que ocultam dos seus cidadãos, a adquirir meios em posse de criminosos e a desencadear operações ofensivas de extracção e destruição, para ganhar vantagem estratégica. Em competição aberta com os Estados, detectamos empresas privadas que, na posse da tecnologia mais avançada de análise de dados e de vigilância, vendem os seus serviços. Por oposição, noutro quadrante, em conflito aberto com os Estados, e com as empresas e os indivíduos poderosos, temos os denunciantes, que reivindicam os ideais da transparência e da partilha total de informação, estando dispostos a violar a lei para revelar o que defendem que não pode estar oculto. No nível mais sombrio do ciberespaço, encontramos alojados os criminosos, investindo permanentemente na evolução da tecnologia para obter lucro de forma ilegal.

O conflito no ciberespaço irá certamente agudizar-se e tornar-se mais violento, como refere McGuire, dado que a tecnologia irá sendo aperfeiçoada, e muitos dos interesses estatais e privados estarão cada vez mais situados no ambiente digital. O confronto pela posse dos dados e da informação no ciberespaço não terá, certamente, vencedores ou agentes dominantes. Será, antes, um campo de batalha de uma guerra interminável.

O derradeiro campo da minha investigação é, como assinalei, o do controlo dos dados e da informação no conhecimento científico. Num primeiro relance, poderá parecer um campo de relevância e extensão menores do que os outros dois campos que investiguei. Na verdade, é exactamente ao contrário, dado que a partilha de conhecimento científico sólido e validado é fundamental para os cidadãos e para a qualidade de uma democracia. Sem conhecimento testado disponível para partilha em todas as dimensões da sociedade, os cidadãos ficam ou à margem ou dependentes de informação deficiente e de todos os processos que esta última gera.

Avaliando a reflexão e o debate recentes produzidos por cientistas sobre este tema, também a ciência sofre violentamente com a revolução provocada pela disponibilidade gigantesca de dados e informação nas plataformas, nós e fluxos digitais. O principal problema que cientistas e académicos enfrentam na partilha de conhecimento é o de, indica a maioria da sua produção, no ambiente digital estar extremamente difundida a tipologia de má informação ou informação incorrecta, duas das traduções possíveis para *misinformation*, um fenómeno distinto da desinformação, como já assinalei neste texto.

No seu artigo «Má Informação e Opinião Pública de Ciência e Saúde: Aproximações, descobertas e direcções futuras», publicado em 2020, Michael Cacciatore defende que o melhor conceito de má informação continua a ser o de Lewandowsky, que o caracteriza como «qualquer peça de informação que é inicialmente processada como válida, mas é depois retirada ou corrigida», acrescentando que os difusores de má informação não o fazem, na sua maioria, de modo intencional, como é o caso dos que se dedicam à desinformação. Cacciatore aponta que o acesso dos cidadãos a má informação gera, entre os fenómenos mais estudados, o Efeito de Influência Contínua (*The Continued Influence Effect*), substanciado no facto de que informação inicialmente apresentada como verdadeira, mas mais tarde corrigida, continua a afectar a memória e o raciocínio dos seus receptores, e o Raciocínio Motivado (*Motivated Reasoning*), relacionado com o processamento tendencioso de conteúdo, motivado por convicções políticas, ideológicas ou sociais.

Jevin Westa e Carl Bergstromb, em «Má Informação na e sobre Ciência», publicado em 2020, começam por lançar o alerta de que «a má informação atingiu proporções de crise, sendo um risco para a paz internacional, interferindo com o processo de decisão democrático e afectando o bem-estar do planeta [...]». Ou seja, defendem os cientistas, «no fundo, a má informação afecta a tomada de decisão colectiva e a acção colectiva». Os dois investigadores partilham que a interferência da má informação na difusão do conhecimento científico deve-se, antes de tudo o mais, a disfunções na própria comunidade científica, relacionadas com incentivos incorrectos, normas de publicação ultrapassadas e sistemas sociotécnicos que concentram a atenção e o crédito num pequeno conjunto de artigos científicos. Detalhando o que descobriram, os investigadores centram o problema na mecânica de reconhecimento na comunidade científica global, já que os cientistas sentem uma pressão crescente para hipervalorizar os seus resultados, dado que as métricas de produtividade têm agora um papel maior no avanço científico — fazendo com que uma publicação não seja já um mero meio de reportar resultados, mas um prémio que pode criar ou destruir o começo de uma carreira —, e as revistas científicas de topo frequentemente procuram resultados excitantes com impacto largo. Neste ponto, os investigadores referem que «as revistas científicas preferem publicar resultados positivos com conclusões estatisticamente relevantes, criando aquilo que se chama a crise da replicação». Westa e Bergstromb alertam ainda para o papel por vezes nefasto das editoras universitárias, visto que «os seus gabinetes de comunicação [...] por vezes comunicam ciência de um modo que coloca o tráfego na rede à frente do rigor».

Em paralelo, descobriram Westa e Bergstromb, contribui também para a existência de má informação na produção científica a condição de que, como outros consumidores e produtores de informação, os investigadores dependem de motores de busca, sistemas de recomendação e *media* sociais para encontrar informação relevante, sendo sensíveis a bolhas de filtragem, editores predadores, deferência indevida aos valores de citação e a algoritmos de caixa negra. Particularmente, referem os dois autores, os cientistas estão sujeitos aos mesmos condicionamentos que os cidadãos comuns, tendo em conta que, à medida que a informação se move da literatura primária para os *media* sociais e para a imprensa popular e de volta aos *media* sociais, é muitas vezes distorcida intencional e não-intencionalmente, gerando uma enorme quantidade de erros de exactidão de dados e de citação.

A contribuir para a má informação em ciência, escrevem os investigadores, está também o fenómeno muito recente dos editores predadores, essencialmente plataformas digitais que se assumem como veículos de publicação de informação científica, com o objectivo de obterem remuneração pelos conteúdos, que, na realidade, não podiam estar mais longe do que dizem ser o seu produto. Os dois investigadores chamam-lhe mesmo «um esquema fraudulento no ecossistema científico, permitido pelo facto de que a distribuição digital permite facilmente criar marcas fingidas de autenticidade».

Ao mesmo tempo, os investigadores abordam um problema central para a capacidade de penetração da má informação no conhecimento científico, que é o da interpretação dos dados. Escrevem eles que «os dados, mesmo os dados rigorosos, podem gerar má informação. Os dados parecem objectivos, precisos e replicáveis, mas permitem uma quase interminável série de opções de apresentação, enquadramento e comparações que podem ser usadas para contar as mais variadas histórias».

Talvez o estudo mais abrangente e pormenorizado sobre o tema da partilha do conhecimento científico no mundo contemporâneo seja o que a londrina Royal Society publicou muito recentemente, em Janeiro de 2022. Com o título «O Ambiente de Informação *Online*: Entendendo como a Internet molda o envolvimento das pessoas com a informação científica», os autores procuram um equilíbrio entre todas as questões levantadas, especialmente as relacionadas com a interferência da má informação. Começam por escrever que «o acesso aberto ao conhecimento permitido pelo ambiente de informação *online* providencia benefícios relevantes para os indivíduos e para a sociedade em geral», como também para os cientistas, já que «reduz barreiras para a publicação de resultados de pesquisa e permite um maior escrutínio desses resultados, ajudando a acelerar o ritmo da pesquisa científica [...]». No entanto, em paralelo, os investigadores escrevem que os utilizadores da Internet podem escolher informação ilimitada conforme as suas necessidades e interesses, porém, o ilimitado volume de conteúdo faz com que seja extremamente difícil e competitivo capturar a atenção no ambiente *online* de informação, criando um desafio «para os que querem comunicar informação de confiança que ajude à tomada de decisões importantes». Os investigadores referem que a navegação *online* pobre e a exploração deste ambiente por figuras públicas relevantes e por líderes políticos leva, em muitas ocasiões, à disseminação de conselhos prejudiciais ao público, fazendo com que «a má informação tenha sido amplamente discutida como um factor que tem impacto nas eleições democráticas [...] e identificada como um desafio em relação a uma gama de tópicos científicos [...]».

Os autores do relatório, no entanto, alertam para a descoberta de que, embora o conteúdo com má informação prevaleça *online*, a extensão do seu impacto é questionável. Na pesquisa que fizeram, os autores do relatório identificam quatro tipologias de agentes de má informação, sendo que estes envolvidos em produzir e disseminar má informação podem ser categorizados como agentes intencionais ou não-intencionais, existindo ao longo de todos os sectores da sociedade e incluindo, frequentemente, aqueles em posições de poder e influência. Detalhando os agentes, o relatório identifica: *i)* os bons samaritanos, aqueles que produzem e espalham má informação pensando que esta é factual, para ajudar os outros; *ii)* os especuladores; *iii)* os que intencionalmente espalham má informação para obter lucro; *iv)* os operadores de influência coordenada; *v)* os que espalham má informação com uma agenda, para obter relevância para a sua organização, partido ou governo; e *vi)* os piratas informáticos da atenção, motivados em espalhar conteúdo falso e divisivo, apenas para gozo pessoal e algum relevo social.

Numa outra dimensão extremamente relevante, o relatório assinala que, por um lado, novas práticas de partilha de informação científica e, por outro lado, características essenciais do processo científico podem também contribuir sem intenção para a má informação. No primeiro caso, estão os artigos científicos publicados ao abrigo do movimento «ciência aberta», em que, muitas vezes, os resultados não foram ainda validados pelos pares. No segundo caso, está uma característica essencial da ciência, a incerteza, que pode ser mal-entendida pelos receptores da informação. Com efeito, escrevem os autores, «a incerteza é um aspecto central do método científico, mas disputas entre peritos podem transbordar para o público» e esta possibilidade «é particularmente desafiadora quando a incerteza é prolongada e o tópico não é apresentado com uma autoridade clara», fazendo com que «este buraco entre certeza e incerteza gere desertos de informação *online*, com as plataformas a serem incapazes de guiar os utilizadores para informação de confiança».

Perante o cenário que os autores do relatório identificam, muito do seu esforço concentra-se na procura de soluções para a eliminação da prevalência de má informação. Um primeiro instrumento, referem, é a tecnologia, que pode ser útil em áreas como a detecção rápida de conteúdos de informação danosa, especialmente no campo da proveniência, fornecendo informação sobre as origens do conteúdo digital e como poderá ter sido alterado, ajudando os utilizadores a verificar a validade de quaisquer textos, imagens ou vídeos que recebam num canal de comunicação público ou privado. Um outro modo de uso da tecnologia na missão de eliminar a má informação, anotam os relatores, é o de criar bases de dados e modelos de *machine learning* que apoiem na resolução deste problema para treinar sistemas de detecção automática de conteúdo de má informação.

No entanto, o relatório aponta duas barreiras a esta aproximação. A primeira é que o conteúdo manipulado por peritos é de detecção difícil.

A segunda é que, assumindo que as tendências em direcção a mensagens privadas encriptadas continua, através de plataformas como o Telegram ou o WhatsApp, «o conteúdo de má informação deverá ficar menos visível para investigadores, reguladores e para as próprias plataformas», até porque a sensibilidade dos consumidores sobre privacidade *online* está em crescimento.

Assim, escrevem, a utilização de plataformas de mensagens encriptadas irá «enfraquecer o nosso entendimento colectivo da má informação digital como também a capacidade das plataformas e dos reguladores de contrariar a partilha de conteúdos de má informação». Para os relatores, a questão fundamental para diminuir a presença da má informação é encontrar modos de mitigar ou eliminar os incentivos dos disseminadores, já referidos neste texto. No entanto, escrevem, entender como mitigar o papel destes incentivos na difusão de má informação exige mais análise dos aspectos legais e económicos do ambiente digital de informação. Isto porque, acrescentam os relatores, «a má informação vem por vezes de agentes políticos domésticos, grupos da sociedade civil e de cidadãos individuais que podem, em boa-fé, acreditar no conteúdo que espalham, mesmo que seja danoso para outros, e poderão considerar uma acção directa contra eles como censura».

Uma solução poderá ser, aponta o relatório, deixar este conteúdo permanecer nas plataformas, mas com mitigações para diminuir o seu impacto, como, por exemplo, retirar a monetização dos conteúdos, através do impedimento da colocação de anúncios, ou regular o uso dos algoritmos de recomendação, impedindo a difusão viral. Uma outra, apontam os relatores, seria apoiar os verificadores de factos, capazes de lidar com má informação científica complexa e com os desertos de informação. Os relatores defendem mesmo que os verificadores de factos — e organizações contra a má informação aliadas às maiores plataformas — se tornaram numa parte vital da infra-estrutura que assegura um ambiente de informação digital saudável.

Finalmente, o relatório ilumina que a própria comunidade científica tem, de algum modo, de rever a sua comunicação. Recordando o essencial da natureza da ciência, já que esta «opera no limite do erro, e uma faceta-chave sua é a capacidade para autocorreção quando nova evidência é estabelecida», os relatores defendem que é crítico comunicar de modo claro e cuidadoso incertezas científicas, novos desenvolvimentos e qualquer mudança no consenso científico. Para o fazer, conclui o relatório, «de modo efectivo, as instituições precisam de analisar como podem competir do melhor modo na economia digital da atenção, enquanto ao mesmo tempo geram confiança na sociedade».

O conhecimento recolhido sobre o tema do controlo e partilha de dados e informação com validação científica revela-nos uma paisagem sombria. Se tivermos a crença, como escrevi neste texto, de que o conhecimento científico é fundamental para a decisão democrática individual e colectiva, a paisagem torna-se especialmente sombria.

O que descobrimos com as investigações aqui reveladas são duas dimensões extremamente perturbantes. A inicial é que a comunidade científica e académica tem obstáculos internos poderosos na partilha de informação, sejam estes o sistema de incentivos para publicação, seja também a incapacidade dominante de levar ao cidadão comum a característica natural da ciência, que é a da incerteza e da experiência permanentes. A seguinte é que a informação científica se debate com competidores sérios, que, pelas razões já aqui expostas, apoia-se em convicções e razões fortes para partilhar má informação.

Infelizmente para todos nós, o controlo e a partilha dos dados e da informação científica por parte dos seus legítimos proprietários, os cientistas, os académicos e as instituições a que pertencem, será cada vez mais precário, se a paisagem se mantiver como está neste momento desenhada. Na verdade, só um esforço de permanente detecção e eliminação da má informação, a montante, e a invenção de modos e lugares digitais de enorme visibilidade para os dados e a informação validada, a jusante, poderão mudar esta conjuntura.

VI
A REVOLUÇÃO INCONTROLÁVEL

Em 1978, Philip K. Dick, para muitos, um genial pensador e autor de ficção científica, para não menos outros, um demente paranóico, deu uma conferência com o título «Como Construir um Universo que Não se Desfaça Dois Dias Depois». O conteúdo da conferência foi dedicado à existência da realidade e aos possíveis modos de construção de uma realidade. Numa coordenada do conteúdo que partilhou com a assistência, Dick disse, em 1978, volto a escrever, que «hoje vivemos numa realidade na qual realidades espúrias são fabricadas pelos *media*, pelos governos, pelas grandes empresas, pelos grupos religiosos, pelos partidos políticos». Perante esta construção e disseminação ininterrupta, viajando ainda na mesma coordenada do seu discurso, Dick pergunta: «O que é real? Porque incessantemente somos bombardeados com pseudorrealidades fabricadas por pessoas muito sofisticadas, usando mecanismos electrónicos muito sofisticados. Não desconfio dos seus motivos, desconfio do seu poder.»

Este poder, para o escritor, tinha algo de «[...] assombroso: é aquele que permite criar universos integrais, universos da mente», capazes de interferir na «definição de um humano autêntico», já que «[...] o bombardeamento de pseudorrealidades permite produzir muito rapidamente humanos não-autênticos, humanos espúrios, tão falsos como os dados que os pressionam vindos de todos os lados».

Talvez pertençamos neste momento, tenhamos começado a pertencer na última década, e estejamos apenas no princípio de pertencer, à realidade global proposta por Philip K. Dick, inundados por «dados [...] vindos de todos os lados», produzidos por «pessoas muito sofisticadas, usando mecanismos electrónicos muito sofisticados».

Como mostra o conhecimento colhido até este parágrafo para as páginas deste texto, é uma meta-realidade global, formada por várias realidades sobrepostas, com fundação numa revolução em desenvolvimento incontrolável dos modos de recolher, produzir, controlar e disseminar dados, grandes volumes de dados e informação.

Assim, antes de tudo o mais, como descobriram Leonelli e Fioridi, todo o produto de actividades de pesquisa colhido, guardado e disseminado com o objectivo de ser usado como evidência para propostas de conhecimento, ou seja, os dados, os «activos de informação, caracterizados por um volume alto, uma velocidade e uma variedade que requerem tecnologia e métodos de pesquisa específicos para a sua transformação em valor», isto é, os grandes volumes de dados, e a existência de «[...] um ou mais dados [...] estruturados [...] com um significado e [...] verdadeiros», por outras palavras, a informação, que garante matéria-prima e objectivo estratégico, a sua posse, controlo, e domínio para partilha, para o processo revolucionário em execução global.

Na verdade, não devemos nunca esquecer que, como já foi referido neste texto, dados, grandes volumes de dados e informação são hoje um capital grandemente cobiçado, porque os dados são para este século o que o petróleo foi para o anterior: um condutor de crescimento e mudança. Fluxos de dados criaram novas infra-estruturas, novos negócios, novos monopólios, novas políticas e novas economias, produzindo alimento crucial para a economia mundial. O referido capital, dados e informação, que foi sempre precioso para indivíduos, sociedades, empresas e Estados, detém agora um valor superior ao de outras épocas, essencialmente, mas não exclusivamente, devido ao volume disponível, à sua transformação em activo precioso para todos os mercados, à sofisticação dos processos para a sua produção e partilha e à possibilidade que o seu controlo garante para a criação de entidades poderosas, na sua maioria, de natureza singular. No que respeita ao volume, os sistemas tecnológicos de recolha, armazenamento e processamento permitem trabalhar com quantidades de dados hoje medidas em *petabytes*, *exabytes* e *zettabytes*, e que, brevemente, serão medidas em *yottabytes*.

Como apontei neste texto, Leonelli alerta que o conjunto de dados digitais criado pela pesquisa está a crescer a uma velocidade estonteante e em modos impossíveis de lidar pelo sistema cognitivo humano, o que obriga a alguma forma de análise automatizada, enquanto Boyd e Crawford sublinham que aqueles geram «uma crença generalizada de que largos conjuntos de dados permitem uma forma superior de inteligência e de conhecimento, capaz de criar informação privilegiada que era anteriormente impossível de obter, com uma aura de verdade, objectividade e precisão».

A primeira dimensão da revolução que está a construir a realidade em que estamos envolvidos é, assim, a existência, algures, em múltiplas latitudes digitais, de servidores a bases, passando por plataformas e fluxos, de uma quantidade talvez já a caminho do incalculável de dados e de informação que nunca antes esteve disponível para análise e partilha. A referida existência levanta a observadores e investigadores um gigantesco problema de localização da realidade que vivemos e iremos certamente viver, exactamente como questionou Dick.

Fioridi desenha um atlas da realidade contemporânea assente «[...] numa terceira era de desenvolvimento humano», na qual «deixámos de estar apenas relacionados com a informação para estar dependentes da tecnologia da informação e das comunicações», ou seja, na «infoesfera». Por infoesfera, o filósofo entende todo o sistema de serviços e documentos, codificados em qualquer meio semiótico e físico, cujo conteúdo inclui qualquer tipo de dados, informação e conhecimento, sem limitações, quer em tamanho, tipologia, quer em estrutura lógica. Este sistema é criado, segundo ele, pela descrição informatizada e o controlo do ambiente físico, juntamente com a construção digital de um mundo sintético, finalmente interligados com uma quarta área de aplicação, representada pela transformação do macrocosmo enciclopédico de dados, informação, ideias, conhecimentos, crenças, experiências codificadas, memórias, imagens, interpretações artísticas e outras criações mentais na realidade que nos cerca.

Já van Dijck, à semelhança de um conjunto vasto de investigadores, alerta-nos, reciclando um conceito proposto por Edward Snowden, para uma realidade controlada por uma «arquitectura da opressão», assente na vigilância dos metadados de milhões de pessoas. Esta revisão de propostas anteriores, como as de Orwell e Foucault, conduz, assinala van Dijck, à «dadoficação», ou seja, à transformação da acção social em dados digitais quantificados, como um meio legítimo para aceder, entender e monitorizar o comportamento das pessoas, e à «dadovigilância», que não é mais do que uma forma de vigilância permanente através do emprego dos dados e dos metadados, permitindo a monitorização dos cidadãos baseada nos seus dados digitais, que é diferente da vigilância tradicional, pelo menos numa dimensão importante: enquanto a vigilância presume monitorização para um fim específico, a dadovigilância permite o seguimento contínuo dos metadados para fins não estabelecidos previamente, penetrando todas as fibras do tecido social. Assim, para van Dijck, a realidade que vivemos é a do «dadoismo», uma «técnica de conhecimento da acção social — a medição, análise e predição do comportamento humano com base em largos conjuntos de metadados [...]» — que presume confiança na objectividade dos métodos quantitativos, como também na independência e integridade das instituições que usam estes métodos, sejam estas plataformas empresariais, organismos governamentais ou investigadores académicos. O problema fundamental do dadoismo, alerta van Dijck, é assentar num «ecossistema que é uma infra-estrutura típica da tipologia em que nenhuma instituição individual está no comando».

A segunda dimensão da revolução que está a construir a realidade à qual não escapamos é a dos objectivos dos detentores dos dados e da informação, que, como partilhei, são entidades cuja natureza se espalha por um largo espectro.

A este propósito, devemos aqui recuperar a convicção de Leonelli, já fixada neste texto, de que «o papel epistemológico dos dados, até que ponto serão úteis para produzir conhecimento, está fortemente dependente do modo como os dados foram organizados, processados, disseminados e contextualizados e também se foram perdidos, abandonados ou são ilegíveis; isto é, o percurso dos dados determina o que conta e o que não conta como dados».

Ao mesmo tempo, devemos ter em atenção o que Sadowsky fixa, quando escreve que os dados, e a acumulação de dados, são um componente nuclear da economia política do século XXI, o que implica que «o capital dos dados é mais do que conhecimento sobre o mundo, são discretos *bits* de informação que são digitalmente fixados, processados por máquinas, de fácil aglomeração e altamente móveis [...]», fazendo com que o imperativo seja o de constantemente colher e circular dados através da produção de produtos que criem mais dados e permitam a construção de infra-estrutura para gerir os dados.

Nesta segunda dimensão a revolução é feita por entidades que são, como observa Denardis, esferas híbridas *online-offline* que «penetram o corpo, a mente, e os objectos e sistemas que colectivamente constroem o mundo material. A Internet já não é apenas acerca de comunicação, mas também já não é simplesmente um espaço virtual», levando a que já não tenha sentido ver espaços *online* e *offline* como esferas distintas, tanto técnica como politicamente, uma vez que estão interligados. Estas entidades, aponta a investigadora, geram, dominam e partilham dados, porque as novas tecnologias se tornam mais difusas e menos visíveis, pois estão integradas nos sistemas materiais, as implicações geradas por estas tecnologias vão ficando mais dissimuladas, e escolha e consentimento ficam suspensos, apesar de a economia digital, a vida social e os sistemas políticos estarem completamente dependentes da estabilidade e segurança destas infra-estruturas. É que, como sublinha Denardis, «construções de arquitectura técnica são também construções de poder [...], aqueles que controlam o desenho e a administração de tecnologias moldam as estruturas de poder».

Mas a revolução está também a ser feita por entidades que, segundo Zuboff, têm como estratégia a criação, consolidação e expansão global de um «capitalismo de vigilância», ou seja, segundo a académica, «uma nova ordem económica que reivindica a experiência humana como material cru e gratuito para práticas comerciais ocultas de extracção, predição e vendas [...], a origem de um novo poder instrumental que estabelece um domínio sobre a sociedade e apresenta desafios espantosos à democracia de mercado». Perante o poder destas entidades, a académica pergunta se «pode o futuro digital ser a nossa casa?» e escreve que «apenas há um momento atrás, ainda parecia razoável concentrar as nossas preocupações nos desafios colocados pelo local de trabalho dominado pela informação ou nos da sociedade da informação. Agora, as questões clássicas — as do conhecimento, autoridade e poder — devem ser analisadas com o maior enquadramento possível, cuja melhor definição é civilização, ou, mais especificamente, civilização da informação».

Circulando algures em múltiplos nós digitais, em caminhos distintos aos das entidades nomeadas por Denardis e Zuboff, das quais reconhecemos como a grande maioria Estados e empresas privadas, por vezes, em confronto, por vezes, em conflito, por vezes, em união, temos todas as outras entidades que a todo o segundo desencadeiam a revolução em desenvolvimento. São as entidades celulares de Appadurai, os saqueadores e divulgadores de informação oculta, os editores de informação alternativa, os produtores independentes de dados científicos com valor para serem conhecimento, os ladrões de bases confidenciais, os militantes de causas de nicho, e tantas outras de tipologia de definição complexa.

A terceira dimensão da revolução que está a construir a realidade que poderá ser dominante para todos nós no presente e no futuro é a da tecnologia. A nomeação da tecnologia no contexto da minha investigação é um atalho para elencar um conjunto vastíssimo de instrumentos, processos, sistemas e aparatos que, na verdade, são o motor e a infra-estrutura da revolução. Sem a expansão estonteante do poder computacional, a sofisticação do código, a interferência da inteligência artificial no poder do algoritmo e na análise de gigantescas bases de dados e o aumento da funcionalidade e complexidade das plataformas de depósito e partilha de dados e informação, não estaríamos a viver globalmente este momento revolucionário inicial, que, como todos os anteriores que a história não esquece, não sabemos que direcção irá tomar.

A revolução incontrolável da nossa realidade global, que a cada segundo que vivemos cria uma inovação ou uma possibilidade realista de evolução, torna a resposta à pergunta central da minha investigação, quem está a controlar e quem vai controlar os dados e a informação, num exercício sem sustentabilidade científica, dado que tantas são as entidades envolvidas, e, ainda mais, as suas capacidades habilitadas a suportá-las no cumprimento das suas estratégias.

Teremos uma diminuta visibilidade sobre a natureza e o raciocínio estratégico de algumas destas entidades. Muitas delas, com origem e perfil estatal ou privado tecnológico, irão concentrar-se na criação e manutenção de dadoesferas, públicas ou privadas, fechadas ou com acesso controlado, centralizadas ou descentralizadas, isto é, infra-estruturas dedicadas ao armazenamento e ao processamento de largos volumes de dados em tempo real. Algumas outras, que partirão sempre da aliança entre cientistas e capital, estarão envolvidas na criação de sistemas capazes de recolher, extrair e analisar informação de todo o tipo de dados em todos os formatos de todo o tipo de dispositivos, garantindo também a sua visualização em modo simples e acessível. Uma terceira tipologia, que podemos associar a uma reinvenção radical dos *media* de informação tradicionais, em alguns casos já encetada, será a das entidades que continuarão a pesquisar informação com metodologia clássica e instrumentos tecnológicos de ponta, mas que a partilharão na infoesfera em novos formatos e a partir de novos canais, tentando fixar a adesão de nichos de visualizadores.

Com a diminuta visibilidade existente, podemos talvez ver ainda um aumento da capacidade e do poder das plataformas sociais, e especialmente dos programas de mensagens encriptadas, captando para os seus domínios investigadores, produtores e editores de dados e de informação. O grande problema é que a visibilidade termina algures na longitude que partilho, sabendo todos nós que, brevemente ou a médio prazo, surgirão entidades de outra natureza, que traçaram para seu destino o controlo da informação.

Se, apenas para enunciar uma hipótese de trilho, uma realidade total digital, isto é, que permita a um humano realizar todas as suas funções e desejos nesta, que nos últimos tempos tem sido apresentada como metaverso, se concretizar, os modos de produção, partilha e aquisição de informação mudarão de modo total. Ou se, para esboçar uma outra possível rota, uma entidade reúna todo o aparato tecnológico e todas as artes para distribuir continuamente os dados e a informação mais procurada, simultaneamente, tanto por um indivíduo como globalmente, iremos descobrir, e possivelmente consumir, o produto de um gigante de natureza singular, sem concorrência no mercado.

No que todas estas entidades estarão concentradas, como certeiramente escreveu o *The Economist*, é em «[...] encontrar uma versão única da verdade [...]», em «identificar a verdade digital», ou seja, «encontrar e tratar dados que representem de modo exacto a realidade». É uma demanda apaixonante e obsessiva, porque, não esqueçamos, como escreveu Bateson, em 1973, «o que entendemos por informação — a unidade elementar de informação — é uma diferença que gera uma diferença». Ser detentor e proprietário de diferença tem um esmagador valor de estatuto, financeiro e funcional.

Assim, o que, possivelmente, o futuro próximo nos entregará é que, recuperando a visão de Philip K. Dick, seremos seduzidos, cercados e dominados em inumeráveis pontos da infoesfera digital e na nossa vida quotidiana por sofisticados curadores de realidades, capazes de nos convencer que, partilhando connosco informação que, no entanto, não é mais do que a submissão dos dados aos seus interesses e objectivos, nos entregam a única realidade existente.

REFERÊNCIAS BIBLIOGRÁFICAS*

ANDERSON, Chris (2008), «A Era do *Petabyte*», *Wired*.

APPADURAI, Arjun (2006), *Medo dos Números Pequenos*, Duke University.

ASPEN INSTITUTE (2021), «A Desordem da Informação», Aspen Institute.

BRANSCOMB, Anne Wells (1994), *Quem Possui a Informação*, Basic Books.

BALDWIN, Richard (2020), *A Grande Convergência, Tecnologia de Informação e a Nova Globalização*, Harvard.

BENNET INSTITUTE FOR PUBLIC POLICY (2020), «O Valor dos Dados», BIPP.

BOYD, Danah e CRAWFORD, Kate (2012), «Questões Críticas para os Grandes Volumes de Dados», *Information, Communication & Society*.

BROADHURST, Roderick, GRABOSKY, Peter, ALAZAB, Mamoun e CHON, Steve (2014), «Organizações e Cibercrime: Uma análise da natureza dos grupos envolvidos em cibercrime», *International Journal of Cyber Criminology*.

CACCIATORE, Michael (2021), «Má Informação e Opinião Pública de Ciência e Saúde: Aproximações, descobertas e direcções futuras», PNAS.

CASTELLS, Manuel (1996 e 1997), *A Era da Informação: Economia, Sociedade e Cultura*, Gulbenkian.

CASTELLS, Manuel (2009), *The Information Society Reader*, Routledge.

CHAKRAVORTI, Bhaskar (2019), «Que Países Estão a Liderar a Economia dos Dados», *Harvard Business Review*.

COMISSÃO EUROPEIA, Joint Research Center (2018), «A Transformação Digital dos *Media* de Notícias e o Crescimento da Desinformação e das Notícias Falsas», Comissão Europeia.

* Com o intuito de ser mais claro para o leitor, os títulos das obras e artigos estão traduzidos, sem prejuízo de consulta pelos nomes dos autores, através dos quais se encontrarão facilmente as obras elencadas.

CRAIGEN, Dan, DIAKUN-THIBAULT, Nadia e PURSE, Randy (2014), «Definindo Cibersegurança», *Technology Innovation Management.*

DENARDIS, Laura (2022), *The Internet in Everything*, Yale.

DEIBERT, Ronald J (2020), *Reset — Recuperando a Internet para a Sociedade Civil*, House of Anansi.

DICK, Philip K (1978), «Como Construir um Universo que Não se Desfaça Dois Dias Depois», *The Shifting Realities of Philip K. Dick: Selected Literary and Philosophical Writings*, Vintage.

DIJCK, José van (2014), «Dadoficação, Dadoismo e Dadovigilância», *Surveillance & Society.*

EUROPOL (2021), «Internet Organised Crime Threat Assessment».

FIORIDI, Luciano (2005), «Concepções Semânticas da Informação», *Stanford Encyclopedia of Philosophy.*

FIORIDI, Luciano (2003), «Informação», *Blackwell Guide to the Philosophy of Computing and Information.*

GANDOMI e HAIDER (2015), «Para além da moda: conceitos, métodos e instrumentos analíticos dos grandes volumes de dados», *International Journal of Information Management.*

GWI (2021), «Plataformas Digitais, Media Sociais», GWI.

HARARI, Yuval Noah (2016), «O Google e o Fim da Livre Vontade», *Financial Times.*

HIGGINS, Eliot (2022), *We are Bellingcat: an intelligence agency for the people*, Bloomsbury.

ILIADIS, Andrew e RUSSO, Federica (2016), «Estudos Críticos de Dados: Uma introdução», *Big Data & Society.*

INTERNATIONAL INSTITUTE FOR STRATEGIC STUDIES (2021), «Capacidades Ciber e Poder Nacional: Uma avaliação».

IDC (2018), «Data Age 2025 — The Digitization of the World, From Edge to Core», plataforma digital IDC.

KHAN, Lina M (2017), «O Paradoxo Anticoncorrência da Amazon», *Yale Journal.*

KITCHIN, Rob (2014), «Grandes Volumes de Dados: Novas epistemologias e mudanças de paradigma», *Big Data & Society.*

LEIGH, David e HARDING, Luke (2011), *Wikileaks — dentro da guerra contra o segredo de Julian Assange*, Guardian Books.

LEONELLI, Sabina (2020), «Jornadas dos Dados, Abertura e Sombras», *Springer Open.*

LEONELLI, Sabina (2020), «Pesquisa Científica e Grandes Volumes de Dados», *Stanford Encyclopedia of Philosophy*.

MAURO, Andrea de, GRECO, Marco e GRIMALDI, Michele (2016), «Uma Definição Formal de *Big Data* Baseada nas suas Características Essenciais», *Library Review*.

MARTENS, Betsy Van der Veer (2015), «Uma Introdução Ilustrada para a Infoesfera», Oklahoma University.

MCGUIRE, Michael (2021), «Nações-Estado, Ciberconflito e a Rede do Lucro», HP Wolf Security.

MILLER, Vincent (2011), *Understanding Digital Culture*, Sage.

MCAFEE, Andrew e BRYNJOLFSSON, Erik (2017), *Machine, Platform, Crowd*, Norton.

MCKINSEY GLOBAL INSTITUTE (2016), «A Era da Análise: Competir num mundo guiado pelos dados», MGI.

MOODY, Daniel e WALSH, Peter (1999), «Medir o Valor da Informação: Uma abordagem de valorização de activos», ECIS.

NEMR, Christina, GANGWARE, William (2019), «Armas de Distracção Maciça: Desinformação patrocinada pelos Estados na era digital», Park Advisors.

ORGANIZAÇÃO DAS NACÕES UNIDAS (2019), «A Economia dos Dados: Transformação Radical ou Distopia», ONU.

OCDE (2020), «Um Mapa em Direcção a um Enquadramento Comum para Medir a Economia Digital», OCDE.

OCDE (2021), «Medindo o Valor Económico dos Dados», OCDE.

OCDE (2022), «Desembaraçando as Não Verdades *Online*: Criadores, propagadores e como detê-los», OCDE.

OXFORD INTERNET INSTITUTE (2018), «Reenquadrando as Notícias Falsas», OII.

PIETER, Adriaans (2020), «Informação», *Stanford Encyclopedia of Philosophy*.

REUTERS INSTITUTE (2021), «Relatório de Notícias Digitais», Reuters Institute.

REUTERS INSTITUTE (2022), «Jornalismo, Media e Tecnologia: Tendências e Previsões», Reuters Institute.

ROBINSON, Andy e KARATZOGIANNI, Athina (2014), «Prometeu Digital: Wikileaks, a dicotomia Estado-Rede e as antinomias da razão académica», *International Journal of Communication*.

ROYAL SOCIETY (2022), «O Ambiente de Informação *Online*: Entendendo como a Internet molda o envolvimento das pessoas com a informação científica».

SHANNON, Claude e WEAVER Warren (1949), *Uma Teoria Matemática da Comunicação*, The Illinois University Press.

Sadowsky, Jathan (2019), «Quando os Dados São Capital», *Big Data & Society.*

Santos, Lino, Bravo, Rogério, Nunes, Paulo (2012), «Protecção do Ciberespaço: Visão Analítica», Salamandra.

Sifry, Mich L (2011), *Wikileaks e a Era da Transparência*, Yale University.

Snowden, Edward (2019), *Vigilância Massiva, Registo Permanente*, Planeta.

The Economist (2010, 2016, 2020), «A Economia dos Dados», «Mundo de Espelhos», relatórios especiais.

The Economist (2021), «A Economia dos Criadores».

The Hague Centre for Strategic Studies (2015), «Avaliando Cibersegurança: Uma meta-análise de ameaças, tendências e respostas a ciberataques».

União Europeia (2020), «O Mercado de Dados Europeu, Factos e Indicadores Essenciais», UN.

Wallace, David Foster (2007), «Deciderization 2007 — A Special Report».

Webster, Frank (2009), *The Information Age: An Anthology on Its Impact and Consequences*, Routledge.

We Are Social (2022), «Visão Geral do Digital Global», *We Are Social.*

Westa, Jevin e Bergstromb, Carl (2020), «Má informação na e sobre Ciência», PubMed.Gov.

Zins, Chaim (2007), «Aproximações Conceptuais para a Definição de Dados, Informação e Conhecimento», *Journal of the American Society for Information Science and Technology.*

Zuboff, Shoshana (2019), *A Era do Capitalismo da Vigilância*, Profile Books.

YouGov (2021), «Consumo Internacional de *Media*», YouGov.